LA VIE ET LES ŒUVRES

DE

Dugas-Montbel

Membre de l'Institut et de la Chambre des Députés

Membre des Académies de Lyon, Besançon et Nancy

PAR

GUSTAVE LEFEBVRE

Conservateur de la Bibliothèque et des Archives de Saint-Chamond
Membre cᵗ de la Société littéraire de Lyon
Membre de la *Diana*, société historique et archéologique du Forez

Édition enrichie de deux planches hors texte

SAINT-CHAMOND

IMPRIMERIE ET LITHOGRAPHIE A. POMÉON

1889

DUGAS-MONTBEL

Nº 60

Phototypie de la maison A. Poméon.

DUGAS-MONTBEL

(Buste en plâtre de la Bibliothèque de Saint-Chamond.)

LA VIE ET LES ŒUVRES

DE

Dugas-Montbel

Membre de l'Institut et de la Chambre des Députés

MEMBRE DES ACADÉMIES DE LYON, BESANÇON ET NANCY

PAR

GUSTAVE LEFEBVRE

Conservateur de la Bibliothèque et des Archives de Saint-Chamond
Membre c¹ de la Société littéraire de Lyon
Membre de la *Diana*, société historique et archéologique du Forez

Edition enrichie de deux planches hors texte

SAINT-CHAMOND

IMPRIMERIE ET LITHOGRAPHIE A. POMÉON

1889

A Monsieur

Léopold DELISLE

Membre de l'Institut

Directeur général de la Bibliothèque nationale

Hommage respectueux de l'auteur.

LISTE DES SOUSCRIPTEURS

MM.

Alamagny Emile, *à Saint-Chamond.*

Bernoux & Cumin, *libraires, rue de la République, 22, à Lyon.*

Berthelot, *vicaire de Notre-Dame, à Saint-Chamond.*

Bibliothèque Nationale.

Bibliothèque *de la ville de Lyon.*

Bibliothèque *de l'Académie de Lyon.*

Bibliothèque *de la Société littéraire, historique et archéologique de Lyon.*

Bibliothèque *de la ville de Saint-Chamond.*

Blanc, *chanoine d'honneur, curé de Notre-Dame, à Saint-Chamond.*

Boissieu (Maurice de), *au château de la Doue, par Saint-Galmier.*

Borrani C., *libraire, rue des Saint-Pères, 9, à Paris.*

Bouché M., *maître de forges, à Saint-Chamond.*

Bouvard, *chanoine d'honneur, curé de Saint-Pierre, à St-Chamond.*

Caisse d'Epargne *de la ville de Saint-Chamond.*

Chaize Marius, *à Saint-Chamond.*

Chaleyer Louis, *propriétaire, à Firminy.*

Chatagnon André, *pharmacien, à Saint-Chamond.*

Chevalier, *libraire, à Saint-Etienne.*

Citron Julien, *étudiant en droit, à Lyon.*

Coignet Firmin, *propriétaire, à Saint-Julien-en-Jarez.*

Condamin (le chanoine) James, *docteur en théologie, docteur ès-lettres, professeur à l'Université catholique de Lyon.*

Condamin Joanny, *négociant en soies, à Saint-Chamond.*

Coste Louis, *ancien notaire, à Saint-Etienne.*

Cros Pierre, *archiviste auxiliaire de la Loire, à Saint-Etienne.*

Donot Prosper, *journaliste, membre de plusieurs sociétés savantes, à Lyon.*

VIII

MM.

Dugas Osippe, *à Lyon*.
Dugas Ivan, *propriétaire, à Saint-Chamond*.

Fredet J.-J., *docteur en médecine, à Saint-Chamond*.

Georg Henri, *libraire, à Lyon*.
Gillet François, *maire d'Izieux, conseiller d'arrondissement*.
Grangeon Paul, *directeur du* Forez littéraire et artistique, *à Roanne*.

Journoud Antoine, *trésorier de la Caisse d'Epargne de St-Chamond*.

Marcoux François, *fabricant de lacets, à Saint-Chamond*.
Mermet Gabriel, *docteur en médecine, à Saint-Chamond*.
Montgolfier (A. de), O✳ *directeur de la Compagnie des Forges et aciéries de la Marine et des chemins de fer, à Saint-Chamond*.

Neyrand André, *maître de forges, à Saint-Chamond*.
Neyron Louis, *proriétaire, à Saint-Chamond*.
Nicolas Joseph, *à Saint-Chamond*.

Oriol Benoît, ✳ *manufacturier, à Saint-Chamond*.

Paret François, *à Saint-Chamond*.
Pascal Jean, *à Saint-Chamond*.
Perrichon Joannès, *étudiant en pharmacie, à Lyon*.
Poidebard William, *au château de la Bastie, à Saint-Paul-en-Jarez*.
Poncins (comte de), *président de la* Diana, *société historique et archéologique du* Forez, *au Palais, par Feurs*.

Reymondon Antoine, *fabricant de lacets, à Saint-Chamond*.
Roland J., *vétérinaire, à Saint-Chamond*.

Sagnol Barthélemy, *secrétaire de la Mairie, à Saint-Chamond*.

Testenoire-Lafayette, *notaire honoraire, à Saint-Etienne*.
Théolier Henri, *directeur du* Mémorial de la Loire, *à St-Etienne*.

AVANT-PROPOS

Ce livre, écrit sans prétention, est offert de même aux amateurs de nos chères provinces de Lyonnais et de Forez.

En essayant de composer une biographie détaillée de Dugas-Montbel, l'auteur ne s'est point dissimulé d'avance la difficulté d'une pareille entreprise ; mais il avait, depuis quelques années, formé le désir de raviver la mémoire d'un savant, à qui la ville de Saint-Chamond doit être fière d'avoir donné le jour. Réunir les œuvres imprimées et manuscrites de l'écrivain, les faire valoir aux yeux des gens de lettres, retracer l'existence honorable d'un compatriote, proclamer sa générosité, tel est le but que l'auteur de ces pages s'est efforcé d'atteindre. Il l'a poursuivi avec la conviction que rendre un nouvel hommage, si faible qu'il fût, a ce savant littérateur et à cet homme de bien, ce serait, du même coup, faire acte de bon citoyen et se rendre utile à son pays. Peut-être la critique lui révèlera-t-elle des défauts restés inaperçus ; mais, d'ores et déjà, l'auteur ne se refuse point à les reconnaître ; il exprime seulement le regret que son œuvre ne soit pas à la hauteur de ses intentions. Dès lors, en effet, elle ne laisserait rien à désirer ; elle serait plus digne à la fois du compatriote qui en fait l'objet et du savant à qui elle est dédiée.

Jusqu'à présent, sauf les articles biographiques insérés dans quelques recueils ou dictionnaires, il n'existait guère, sur Dugas-Montbel, que l'Eloge prononcé par J. B. Dumas, en 1835, à l'Académie de Lyon. Or, cet éloge, d'ailleurs fort succinct, comme le sont la plupart des écrits de ce genre, passe presque sous silence certaines périodes de la vie du célèbre helléniste ; il parle en peu de mots, par exemple, de la carrière politique de Dugas-Montbel, laquelle cependant ne laisse pas d'offrir un vif intérêt. Toutefois, l'auteur du présent volume lui a emprunté plusieurs renseignements et diverses appréciations ; il s'est inspiré aussi des articles de Ballanche, de Bignan, de Letronne. En un mot, en recueillant le suffrage presque unanime des contemporains, il a, selon l'expression d'un littérateur, réuni les offrandes sur l'autel qu'ils avaient dressé.

Pour compléter cette œuvre, il a semblé bon de faire suivre la biographie de Dugas-Montbel, non-seulement d'une notice détaillée sur sa Bibliothèque et sur ses rares collections, mais encore d'une étude de M. F. Coignet, poète de talent, qui fut « le confident, le dépositaire des généreuses intentions du donateur. » M. Coignet honore la ville de Saint-Chamond par sa naissance ; il a le mérite d'avoir présidé à l'installation de la dite Bibliothèque et d'en avoir favorisé le développement.

Bientôt la plume mieux autorisée d'un compatriote, avantageusement connu dans le monde des lettres, rendra un nouvel hommage à la mémoire de Dugas-Montbel et de F. Coignet, en leur assurant, dans une œuvre monumentale, une place plus digne encore de leurs mérites. L'Histoire de Saint-Chamond fixera tous les souvenirs, et le savant qui n'a pas craint de sacrifier dix années de recherches pour doter sa ville natale d'un monument durable, a, dès ce moment, des droits acquis à la plus vive reconnaissance.

Quant à l'auteur de ces lignes, désireux de recueillir plus tard une minime part de cette reconnaissance, il se confie tout entier en la vertu de la devise de Dugas-Montbel :

TRAVAILLE ET ESPÈRE.

DUGAS-MONTBEL

Travaille et Espère,

(1776-1799)

EAN-BAPTISTE MARIE DUGAS-MONTBEL naquit, à
Saint-Chamond, le 11 mars 1776, dans la rue qui porte
son nom. Il était le deuxième fils [1] de sieur Camille
Dugas, négociant, et de demoiselle Antoinette Victoire Crozet.

Son père, Camille Dugas, appartenait à l'une des plus anciennes
familles du pays. Vers 1630, ses ancêtres avaient fondé à Saint-
Chamond une fabrique de rubans, qui, grâce à leur intelligente
initiative, ne cessa de s'étendre. « La maison Dugas, dit M.
Richard, [2] a toujours été regardée comme celle qui a donné l'essor
à l'industrie des rubans ; le métier à la Zurichoise, introduit par
elle, fut, dans le temps, un aussi grand progrès sur le métier basse-
lisse que, de nos jours, le métier à la Jacquard l'a été sur le métier
à la barre. » En peu de temps, la célébrité commerciale de cette
importante maison de banque et de fabrication éclipsa tous les
autres établissements industriels.

Le roi Louis XVI qui, par un arrêt du Conseil du 30 octobre
1767, avait créé des lettres de noblesse afin de donner au commerce et à ceux qui le professaient des marques de distinction,

---

(1) Son frère, Thomas Dugas, naquit en 1773.

(2) Recherches historiques sur la ville de Saint-Chamond, 1846, p 40.

et, plus encore, de protection, anoblit [1] les deux aînés des frères Dugas en rappelant les progrès importants qu'ils avaient fait faire à l'industrie. Or, les frères Dugas, associés dans le commerce, étaient au nombre de cinq, savoir :

Noble Jean-Baptiste Dugas, écuyer, seigneur de Chassagny;

Noble Jacques Dugas, écuyer, seigneur du Villard;

Noble Camille Dugas, écuyer, secrétaire du roi;

Noble Claude-Marie Dugas de la Boissogny, écuyer, secrétaire du roi.

Jean-Jacques Dugas-Vialis.

Camille et Claude-Marie Dugas ne jouirent pas, comme on le voit, du même privilège que leurs aînés, mais ils achetèrent des charges de secrétaires du roi, lesquelles anoblissaient les titulaires.

Dugas-Montbel passa les premières années de sa vie au sein de sa famille, il puisa dans la société de ses proches parents les principes de cette forte éducation qui firent de lui un travailleur infatigable et un savant plein d'esprit. Sa jeunesse s'écoula dans un domaine que possédait son père, près de Grand Croix, domaine qui fut plus tard acheté par M. Jakson pour y établir une fonderie d'acier. Je n'avancerai rien de faux en disant que, là, il apprit à aimer les beautés réelles de la nature, car, à cette époque, les environs de Saint-Chamond présentaient à l'œil quantité de sites remarquables; la campagne y était variée à l'infini; et, dans un rayon de peu d'étendue, la diversité des climats faisait naître autant de cultures différentes, qu'arrosait le Gier, ce ruisseau si limpide alors, aujourd'hui sacrifié à notre agrément par les besoins de l'industrie. La vue de ces paysages enchanteurs fit, à n'en pas douter, sur l'âme délicate de notre futur helléniste, une impres-

---

(1) Lettres du mois de mars 1777. — Ceux qui étaient pourvus de ces lettres étaient réputés vivant noblement, et en cette qualité avaient rang et séance dans les assemblées de ville et autres; ils jouissaient de tous les honneurs et avantages, spécialement de l'exemption de milice pour eux et leurs enfants, et du privilège de porter l'épée dans les villes et des armes en voyage.

sion si profonde, qu'en 1824, à son retour d'Italie, *le pays des souvenirs et des regrets,* il se plut à célébrer dans une poésie pleine de sentiment, les charmes de sa première demeure et de son pays natal :

> Qu'il m'est doux de revoir ces bocages épais !
> Que j'aime à respirer sous ces ombrages frais !
> A m'égarer après une si longue absence
> Dans le champêtre asile où coula mon enfance !
> . . . .
> Non, sans doute, en ces lieux où commença ma vie,
> Je ne regrette plus le beau ciel d'Italie,
> Mais je me plais à joindre à de grands souvenirs
> Le souvenir touchant de mes premiers plaisirs ;
> Et j'aime à comparer de sublimes images
> Aux modestes tableaux de ces charmants rivages !....

Tout semblait concourir à son bonheur, lorsque la mort lui enleva subitement sa mère. L'absence d'une affection aussi tendre jeta dans son cœur d'enfant une goutte d'amertume et imprima à son caractère, avec je ne sais quoi de mélancolique et de rêveur, cette simple bonne foi qui le fit tant estimer de ses amis.

En 1786, son père se remaria avec Jeanne-Magdeleine Rey, et, cette année même, Dugas-Montbel entra au collége des Oratoriens, à Lyon, afin d'y poursuivre ses études. Il se lia bientôt avec ses condisciples Ballanche, J.-B. Dumas, Leuillon de Thorigny, L.-P. Bérenger, etc.... qui furent pour lui de brillants émules. Toutefois, pendant son séjour au collége de l'Oratoire, il fut un élève médiocre : les langues mortes étaient de sa part l'objet d'une aversion singulière ; elles lui paraissaient une science aride et inutile. Rien enfin ne laissa prévoir ses futurs travaux et, moins encore, cet amour passionné du grec qui fit *le charme de sa vie.*

Il avait dix-neuf ans, lorsqu'il revint chez ses parents. A vingt ans, il servit son pays. La France, que les excès de la Terreur et des conspirations de tout genre avaient mise en péril, sortait enfin victorieuse d'une coalition formidable. Le jeune héros qui,

4

comme le disait tout récemment un éminent orateur lyonnais,[1]
appartint à la légende avant d'appartenir à l'histoire, le génie
incomparable, universel, qui a marqué le début de notre siècle,
Bonaparte, écrasait nos ennemis par l'impétuosité et la prompti-
tude de ses coups. Mais le pays avait besoin de défenseurs, et,
malgré son épuisement, il suffisait encore, selon l'expression
toujours vraie de Louis XIV, de frapper la terre du pied pour
en faire jaillir de nombreuses légions. Dugas-Montbel, lui aussi,
fut enrôlé dans les armées de la République. S'il fit des campagnes, s'il assista à quelque combat, c'est ce qu'aucun document
ne nous apprend, et je suis plutôt tenté de croire qu'il suivit de
loin les armées ou que son temps se passa dans ces corps de
garde où l'on devisait parfois si joyeusement. Il est certain
toutefois que la vie des camps ne lui plut que médiocrement ;
il aimait la paix et la tranquillité, et certes, c'était pour lui bien
mal tomber.

Après une année de service, il fit avec son frère un voyage en
Suisse. Ils parcoururent à pied divers cantons et ils y retrou-
vèrent cette nature majestueuse et variée à l'amour de laquelle
leurs parents les avaient initiés de si bonne heure. En 1798, ils
rentrèrent tous les deux au *manoir paternel*, comme l'appelait
notre helléniste. Dugas-Montbel, intéressé dans la maison de fabrication des frères Dugas, s'adonna au commerce dans le but de
remplacer un jour son père. Son existence devint calme et il
jouit de la tranquillité qu'il désirait. C'est alors que, pour tromper
la monotonie de sa vie, il occupa ses loisirs à travailler avec
ardeur le latin, l'anglais et l'allemand, ces deux dernières langues
aujourd'hui si nécessaires aux commerçants. Il entretint des relations constantes avec ses amis, Ballanche et J.-B. Dumas, puis
avec Ampère : « Je me souviens encore, disait Dumas,[2] des
interminables discussions qu'il soutenait, même par écrit, sur

---

(1) M. Charles Jacquier, professeur à la Faculté de droit de l'Université catholique de Lyon.

(2) *Eloge historique de Dugas-Montbel,* 1835. 1 vol. in-8º, pp. 32

l'âme et sur le libre arbitre, avec notre Ampère, devenu depuis si célébre. » Il collaborait encore, sous le voile de l'anonyme, à certaines feuilles publiques dans lesquelles ses articles laissaient déjà percer un esprit supérieur ; mais il regrettait de ne pouvoir, par sa position, se lancer dans l'arène où combattaient ses anciens camarades : « Il m'est cruel, écrivait-il à Dumas,[1] que je ne puisse pas ouvertement entrer dans la lice, ni m'ingérer dans le monde littéraire. » Puis, il ajoutait : « Aimons toujours les lettres, quoi qu'on en dise ; elles sont d'un bien précieux secours dans le passage rapide de la vie ; j'y trouve, quant à moi, mes plus chères délices. »

Tout à coup, la mort vint jeter le deuil dans sa famille : il perdit son père le 21 mars 1799. Les nombreux amis qu'il comptait déjà lui témoignèrent, en cette circonstance, des sentiments unanimes de tristesse et d'affliction. Leuillon de Thorigny, jeune avocat, avec lequel il avait toujours été intimément lié, lui adressa, notamment, une ode[2] dictée sans doute par un cœur noble et bien pensant, mais que l'inexpérience de son auteur avait revêtu d'une forme un peu aride et parfois obscure. Après avois assuré Dugas-Montbel qu'il ne connaît point

> Cet art employé dans le monde
> De guérir en causant une douleur profonde,

il rappelle à son ami que

> La nature a ses droits. Quand le sort la désole,
> Elle veut qu'on la plaigne et non qu'on la console ;
> Je méprise, ô Montbel, ces mortels indolents
> Qui, lâches dans la peine, aisés dans les tourments,
> Ne savent ni gémir, ni souffrir un quart d'heure ;
> N'en déplaise au censeur, j'aime celui qui pleure !
>
> . . . .

------

(1) *Eloge historique de Dugas-Montbel,* 1835, 1 vol. in-8º, pp. 32.

(2) Cette ode fut lue à l'Athénée de Lyon, le 12 février 1801. — *Ms. de la Bibl. acad. de Lyon.*

Ne te plains pas, Montbel, de ce moment d'orage,
Tu souffres, je le sais, souffre du moins en sage ;
Le destin au hasard marche dans le chaos
Agitant sur nos fronts son implacable faux !

Il lui montre tour à tour la frivolité du bonheur sur cette terre,
la vertu succombant sous le vice, le crime seul volant à l'immortalité et recevant encore les louanges des hommes ; puis, après
un rapide tableau des scènes de la Révolution, il s'écrie :

La vengeance affamée épiant les hasards
Eteint avec des pleurs la soif qui la dévore,
Et le bras de la mort, docile à ses regards,
Sur des crânes fumants aiguise ses poignards !
..... Au sein des hurlements que la fureur exhale
Qui fera résonner l'accent de la morale ?
Quel chêne audacieux, vainqueur des ouragans,
Pourra rester debout au milieu des torrents ?
Des fils d'Ajaccio, j'entends la voix brillante
Porter jusques aux cieux un nom cher à leur cœur ;
Bonaparte, c'est toi que la France mourante
A nommé son héros et son libérateur !

Enfin, de Thorigny exhorte son ami à la résignation et, en
terminant, il lui donne cette consolation que nous sommes tous
mortels et qu'il faut obéir au Ciel sans proférer de plainte. [1]

---

(1) Dugas-Montbel lui adressa en réponse la pièce suivante, intitulée :
Epître à mon ami, dont voici un extrait :

Doux appas de la poésie
Qui m'enchaînâtes si longtemps,
O vous, dont la mélancolie
A filé mes plus doux moments,
Pourquoi donc, malgré mes serments,
Exiger que je sacrifie
Un utile délassement
Au trop frivole amusement
De rimer une fantaisie ?
J'avais bien juré pour toujours,
Craignant les vers et leur délire,

Dugas-Montbel prit avec son frère la succession de son père dans la maison Dugas frères & Cie. Le 20 pluviôse, an XI[1], eut lieu le partage de ses diverses propriétés ; le domaine de Montbel[2] fut attribué, avec la moitié environ de la propriété du Sapt, à notre savant compatriote. A dater de ce moment, il joignit à son nom de famille le titre de la terre qui lui revenait, et on le connut successivement sous les noms de M. de Montbel, puis Dugas de Montbel, et enfin Dugas-Montbel[3], appellation qui lui est restée et qui conserve à notre ville le souvenir de son plus illustre enfant.

De suspendre à jamais ma lyre
Au myrthe brillant des amours,
Et laissant vers l'indifférence
Couler mes jours parmi les fleurs,
Mon esprit voulait en silence
Réparer mes jeunes erreurs.
Mais cette promesse frivole,
Que j'avais juré de tenir,
Loin de moi s'échappe, s'envole
Et cède à l'attrait du plaisir.
C'en est fait ; reçois mon hommage,
O trop séduisant esclavage
Où si longtemps je fus lié.
Dois-je me plaindre davantage,
Puisqu'à rimer si je m'engage
C'est en faveur de l'amitié !

Ms. de la Bibl. acad. de Lyon.

(1) 9 février 1803.

(2) Il est situé au hameau du Sapt, commune de St-Genest-Malifaux. Ce domaine était d'une contenance d'environ 20 hectares. La légende rapporte que, sur un rocher du Sapt, on remarque l'empreinte du pied de saint Martin, chaussé d'un sabot. — Note du voyage en Italie, Ms de M. Ivan Dugas.

(3) Ces différences de noms se trouvent surtout dans les dédicaces des volumes adressés à Dugas-Montbel. — Voyez : la dédicace de Brillat-Savarin (L. O. 229), à Dugas-de-Montbel. — Envoi de Mme Elise

8

(1799-1815)

Aussitôt après la mort de son père, Dugas-Montbel partit à Paris, probablement pour affaires commerciales. Il y resta toute l'année, et, durant ce séjour dans « le centre des lettres et des arts », il s'occupa beaucoup de littérature et se créa rapidement des relations nombreuses et choisies. Il fit notamment la connaissance d'un jeune avocat, plein de mérite, M. Boutard, avec lequel il était lié par la conformité des études, du caractère et des sentiments.[1] Or, ces deux jeunes gens, comme pour sceller leur amitié par une œuvre commune, imaginèrent de confectionner une comédie-vaudeville, intitulée : *La Femme en parachute ou le soupçon*,[2] laquelle ne manque ni d'imprévu, ni de grâce, ni parfois d'une certaine gaîté.

Toutefois, il ne fallait pas se dissimuler la difficulté d'une pareille entreprise, non pas tant pour ce qui regarde la pièce elle-même, mais en ce qui concerne le public, c'est-à-dire les spectateurs, dont les goûts bizarres et changeants ne permettaient de fonder aucune prévision. C'est ce qu'explique parfaitement le couplet d'annonce du vaudeville :

Vous plaire et monter dans les airs,
Quelle entreprise difficile !
Malgré la crainte d'un revers,
Nous le tentons en vaudeville,

Voïart, auteur de la *Vierge d'Arduène*, à M. de Montbel (L. O. 944). — L. P. Bérenger, en lui adressant ses poésies de société et de circonstances (L. O. 753) écrit : « Au plus aimable des Français, mon honorable ami, Dugas-de-Montbel, helléniste élégant et fidèle. » — Bibliothèque de Saint-Chamond, (fonds D. M).

(1) Dumas, *Éloge historique de Dugas-Montbel*.

(2) *La Femme en parachute ou le soupçon*, comédie en un acte et en prose mêlée de vaudevilles, par les citoyens Honoré et Montbel, représentée pour la première fois sur le théâtre Montausier, le 13 novembre 1799. Paris, an VIII, 1 br. in-8°.

> Puissions-nous, loin de succomber,
> Evitant une double chute,
> Voir descendre, mais non tomber
> La Femme en Parachute !

La multitude montrait en effet une vive ardeur pour tous les ouvrages pleins de sentiments faux et excessifs, où le romanesque et l'enflure avaient remplacé le vrai et le naturel. L'exagération était devenue l'unique moyen de réussir; quelques lieux communs d'une morale usée, quelques sentences rebattues, exprimées en phrases niaises et ridicules, tenaient lieu de génie et d'étude; en un mot, toutes les sottises avaient un libre cours pourvu qu'elles fussent revêtues des livrées de la sensibilité.[1] « Dès lors, dit Dugas-Montbel lui-même, de nombreux auteurs s'étaient jetés dans la carrière dramatique; fiers d'un succès dont l'amour-propre dissimule toujours le peu de valeur, leurs productions se succédaient avec une telle rapidité que le public n'avait pas le temps de la réflexion; il était entraîné par une nouveauté continuelle et contractait ainsi l'habitude d'une scène avilie par un ramas d'ouvrages où les lois du goût et de la raison étaient également violées.[2] »

Heureusement, nos deux précoces auteurs n'étaient point, eux, tourmentés par « cette envie de paraître, cette manie de briller » qui semble être aujourd'hui un des traits les plus saillants de nos ridicules; leur caractère, leurs études et leur jugement les en avaient prémunis. Aussi, convaincus que le peuple revient tôt ou tard de ses égarements, confiants surtout dans l'indulgence que devait exciter leur jeune âge, ils firent représenter leur comédie au théâtre Montausier, le 13 novembre 1799 (22 brumaire an VIII). L'auditoire était assez nombreux, ou, pour me servir d'une expression fort à la mode à cette époque, la salle n'était pas *veuve de spectateurs*.

---

(1) Voir les réflexions sur la comédie et sur les causes de sa décadence, dans le *Mercure de France,* du 7 novembre 1812.

(2) Ibid.

Le rideau se lève ; la scène représente un jardin orné d'un pavillon. Verceil, un bon père de famille, s'il en fut, est occupé à élaguer les branches parasites de ses arbres, et, tout en travaillant, il se plaît à faire un charmant tableau des joies du ménage mêlées à la satisfaction que lui procure son fils Eugène, l'objet de ses soins et de son affection. Par malheur — et c'en est un ! — son épouse est fort rêveuse ; l'amour des grandes choses et la gloire de son sexe la poursuivent continuellement et lui font oublier toutes les autres préoccupations. Or, ce jour-là, précisément, doit avoir lieu l'ascension d'un ballon ; mais une ascension extraordinaire, puisqu'elle montrera à tous les yeux

> Qu'une femme par son courage
> Peut s'élever jusques aux cieux.

Et cette femme hardie, c'est Victoire, l'épouse de Verceil, heureuse autant que fière d'avoir enfin trouvé une occasion de réaliser son gigantesque projet. Elle met dans sa confidence sa nourrice, Hélène, en la priant, bien à contre-cœur, de n'en pas souffler mot à son mari, de peur de l'affliger. L'heure venue, Victoire, enlacée par certaines situations fort embarrassantes, emploie tant de subterfuges qu'elle jette au cœur de Verceil une tristesse profonde. Enfin, une lettre, apportée par Hélène, la presse de se rendre au lieu assigné : « Tout est prêt, Madame, partez à l'instant. La présente vous sera remise par un jeune homme intelligent qui connaît votre époux et qui saura éviter toute méprise funeste. Une voiture vous attend à votre porte. Hâtez-vous de vous rendre à nos désirs, il ne manque plus que vous pour l'enlèvement. » Mais la fatalité s'en mêle. Victoire, dans sa précipitation, a laissé tomber la lettre ; elle a ainsi, sans le vouloir, livré tout son secret. Et quel secret ! On imagine aisément le désespoir et les cruels soupçons de Verceil, à la lecture de ce malheureux papier.

— Où est ma femme ? dit-il à la nourrice, qu'il a fait appeler en toute hâte. Où est ma femme ?

Hélène. — Je l'ignore.

Verceil. — Tu me trompes.

Hélène. — Cela est vrai, Monsieur, car aussi bien il m'en coûte déjà de mentir.

Verceil. — Tes détours eussent été vains. Je sais tout, et cette lettre ne m'a que trop instruit de ma honte et de mon malheur. Voilà donc son obstination expliquée ?... Cruelle femme, que manquait-il à ton bonheur ? n'était-il pas le but où tendaient tous mes vœux ? mais, achève, parle ; où est ma femme ?

Hélène. — Je la crois bien loin de vous, elle allait comme le vent.

Verceil. — Tu l'as vue partir ?.... toi-même ?

Hélène. — Sans doute. Je vous disais bien que les écarts de son esprit auraient des conséqences funestes.

Verceil. — Mais, vous, Hélène, comment avez-vous pu donner la main à ce projet ?

Hélène. — Le ciel m'est témoin que j'ai fait pour l'en détourner tout ce qui a dépendu de moi. Je lui ai mis devant les yeux son fils, son époux, votre bonheur.

Verceil. — Eh bien ?

Hélène. — Oh ! son parti était pris irrévocablement ; la tête lui en tournait.

Verceil. — Ce dernier coup m'accable et je n'y survivrai pas.

Hélène. — Mais, Monsieur, votre douleur vous égare, car enfin tout n'est pas perdu, il peut n'en résulter aucun accident.

Verceil. — Ma honte et ma douleur en existeront-elles moins ?

Hélène. — Mais je vous dis, Monsieur, que j'ai les plus belles espérances.

Verceil. — Et que veux-tu que j'espère encore ?

Hélène. — Le retour de Madame.

Verceil. — Quoi ! elle oserait reparaître devant moi !

Hélène. — S'il faut vous le dire, je n'aurais jamais cru que vous prissiez si mal la chose. Comment ? Monsieur, son repentir ?....

Verceil. — Serait inutile. Oui, quoi qu'il doive m'en coûter, je suis décidé à ne plus la revoir. Je ne veux point être à la fois le scandale des hommes vertueux et le jouet des êtres corrompus; qu'elle reste avec le malheureux qui a pu l'engager à cette action coupable et qui sans doute est parti avec elle.

Hélène. — Vous êtes dans l'erreur; je vous proteste que Madame est partie seule.

Verceil. — Quelqu'un, sans doute, l'attendait à un lieu indiqué.

Hélène. — Je vous assure qu'elle n'a pas rencontré beaucoup de monde en route et qu'on ne l'attendait nulle part; elle allait au gré du vent.

Verceil. — Cessez d'irriter ma douleur.

Hélène. — Quel entêtement! je vous dis, Monsieur, que vous devez vous rassurer et que l'enlèvement s'est fait avec le plus grand succès.

Verceil. — C'en est trop, Hélène, retirez-vous.

Hélène. — Savez-vous bien qu'à la fin vous m'importunez aussi, car après tout, est-on si criminelle pour être montée dans un ballon ?

Verceil. — Que voulez-vous dire ? un ballon !.... ciel ! serait-il possible ?.... mais cette lettre ?....

Hélène. — Eh bien! cette lettre ne vous apprend rien autre chose que son départ dans le ballon.

Verceil. — Je reste confondu.....

Etc......

Au même instant, Eugène accourt; il a vu un parachute dans les airs. On vole à la fenêtre. C'est Victoire qui descend lentement, à l'admiration et aux applaudissements du peuple. Aussitôt qu'elle a touché terre, elle se précipite au milieu de sa famille, puis, chacun chante des couplets en l'honneur de l'invention des ballons et des parachutes, et la comédie se termine par ce huitain adressé au public :

> De deux faibles auteurs, hélas !
> Recevez ce premier ouvrage,
> Trop heureux si leurs premiers pas
> Sont marqués par votre suffrage;

> Sur leurs défauts fermez les yeux ;
> Et que leur muse qui débute
> Dans votre indulgence pour eux
> Trouve à l'instant un parachute !

La pièce ne tomba pas ; elle obtint même un certain succès : le sujet en était simple, l'intrigue assez bien conduite, et la poésie n'y manquait pas d'élégance. On ne pouvait exiger davantage.

Quant au mérite de cette comédie, il serait difficile de le rapporter plus spécialement à l'un des deux auteurs. Toutefois, j'imagine aisément que notre compatriote prit une part plus directe et plus active à la trame de la pièce, en laissant à son collaborateur le soin de composer les couplets. Quoi qu'il en soit, ce premier essai dénote du goût et du jugement ; et ce n'est pas là un de ses moindres mérites, pour une époque où le goût des choses simples était entièrement perdu, et où, pour réussir, « il fallait promener l'imagination du public sur les horreurs les plus dégoûtantes, montrer sur la scène des spectres et des revenants, saturer les spectateurs de toutes les contorsions du désespoir et de la folie, présenter le tableau des voleurs de grands chemins, qui brûlent, qui assassinent, qui attachent leurs victimes au milieu d'une orgie. Et lorsqu'on était capable de goûter de pareils spectacles, quel plaisir voulez-vous qu'on trouve à une pièce dont le plan était sage et bien conduit ?[1] »

Dans les premiers mois de l'année 1800, Dugas-Montbel revint à Saint-Chamond. Son premier succès, son séjour dans la capitale et surtout ses relations avec plusieurs littérateurs, en réveillant en lui ce secret amour de l'étude qu'il avait déjà montré et qu'il nourrissait sans cesse, avaient dessiné d'une façon plus caractéristique ses penchants naturels pour les travaux de l'esprit.

C'est dire que dès lors, il s'occupa très peu de commerce. Il continua de collaborer à divers journaux lyonnais, et, dans les discussions qu'il y soutenait, il se fit toujours remarquer soit par

---

(1) Réflexions sur le *Misanthrope* de Molière. — Ms de la Bibl. acad. de Lyon.

14

la justesse de ses appréciations, soit par la force de ses raison-
nements, soit enfin par la simplicité même de son style. Des
qualités aussi rares ne pouvaient manquer de le recommander,
d'une façon toute spéciale, à l'attention du public.

Les lettres sortaient à peine du chaos dans lequel les avaient
plongées les secousses terribles de la Révolution; les esprits
ébranlés respiraient enfin le calme et commençaient à ressentir la
puissante influence d'un génie réparateur. De toutes parts, des
sociétés savantes se formaient, tant à Paris que dans les provinces,
afin de favoriser l'avancement des lettres, des arts, des sciences,
etc.... C'est de cette époque que date, dans notre département,
la Société de commerce, agriculture et arts de Saint-Etienne,
dont Dugas-Montbel fut nommé associé correspondant le 3 fri-
maire an XI (24 novembre 1802). Sept mois plus tard[1] l'Académie de Lyon, connue sous le nom d'Athénée, l'admettait dans
son sein, et il venait y occuper le fauteuil laissé vacant par la
mort du docteur Pitt, « homme recommandable sous le triple
rapport de ses lumières, de son aménité, de ses vertus.[2] » Et notez,
en passant, qu'on pourrait dire de notre compatriote ce qu'il
rapportait lui-même de J.-J. de Boissieu, à savoir qu'il « jouit
de tous les honneurs sans en avoir sollicité aucun.[3] »

Le jour de sa réception, il prononça à l'Académie de Lyon un
discours sur les principales époques de la littérature française[4].
En bon académicien, il débute par des remercîments élogieux à
l'adresse de ses collègues :

« Lorsqu'un magistrat[5] recommandable par ses lumières,
animé par l'amour des lettres et des arts, conçut le beau projet de

---

(1) 5 juillet 1803 (16 messidor an XI).

(2) Compte-rendu de l'Académie de Lyon, 1er semestre an XII.

(3) Eloge de J.-J. de Boissieu, pag. 25.

(4) Ce manuscrit m'a été communiqué par M. Osippe Dugas, neveu
de Dugas-Montbel.

(5) M. de Verninac, préfet du Rhône, réunit à la Préfecture les principaux savants de la ville de Lyon, (13 juillet 1800). Avec leur aide et

rétablir sur ses bases antiques l'Athénée de Lyon, j'étais loin de prétendre à l'honneur que vous m'avez fait en m'associant à vos travaux. Cependant je ne m'abusai point, convaincu que quelques essais dans la carrière littéraire n'étaient point des titres suffisants pour entrer dans votre sein; j'attribuai les motifs de mon association à votre indulgence, je vis que votre but était d'encourager le zèle en lui faisant partager le prix qui n'est accordé qu'au vrai mérite. Ainsi, c'était en entrant dans la lice que je recevais la couronne réservée à ceux qui sont proclamés vainqueurs. »

Dans la première partie de ce discours, Dugas-Montbel présente un tableau rapide de l'origine, de l'enfance, des progrès, du triomphe et de la décadence de l'art parmi nous. A chaque époque, il rapporte les productions qu'elle a vues naître tour à tour : les chansons des troubadours, le roman de la Rose, l'institution des jeux floraux, les ballades naïves de Jehan Froissard et de François de Corbeuil, et enfin les bizarres assortiments de vers inégaux dont tout le mérite était de retracer à l'œil des figures géométriques, ou l'image de quelque objet naturel. Ce faux goût disparait avec le siècle de François 1er, pendant lequel brillèrent Marot et Saint-Gelais. Mais ils sont suivis par Ronsard et Dubartas qui retardent de nouveau les progrès de l'art.[1] Puis Malherbe et Racan lui donnent un éclat qu'il n'avait point encore atteint. Corneille enfin produit la poésie sur la scène avec toute sa majesté et

leur assentiment, il parvint à composer de nouveau l'Académie sous le nom d'Athénée. Elle comprenait 45 membres ordinaires, 15 émules, et 30 associés libres. Dugas-Montbel fit d'abord partie des émules, et, par suite, il avait simplement voix consultative, mais aucun droit d'élection. En 1814, le roi conféra à l'Athénée le titre d'Académie. — Voy. Dumas, *Histoire de l'Académie de Lyon*, 2 vol. in-8º.

(1) Le jugement que je porte ici sur Ronsard ne m'est pas personnel: je ne fais que reproduire les paroles de Dugas-Montbel. Adoré de son siècle, méconnu par Malherbe, calomnié par Boileau, il a justement reconquis, de nos jours, une partie de sa première gloire. — Voy. J. Condamin, *La Composition française*. 6e éd. p. 13 ; et J. Chalandon, *Essai sur Ronsard* (thèse de doctorat).

ouvre « la barrière à ce siècle mémorable, à ce siècle si fécond en merveilles, qui vit se succéder tour à tour les hommes les plus rares et les plus étonnants dans tous les genres. « Tandis que Molière, poursuit Dugas-Montbel, étudie nos vices et nos ridicules, imagine la comédie de caractère, Racine, le pur, l'élégant, l'harmonieux Racine, répand dans ses ouvrages le charme et la mélodie de la langue de Virgile, développe les plis les plus secrets du cœur humain ; le bon, l'inimitable Lafontaine interroge pour notre instruction les animaux et les plantes, gardant à tous leurs mœurs et leur caractère, et leur prêtant un langage naïf et doux comme son âme ; enfin le sévère Boileau fixe les règles du goût, détermine la précision et la pureté de notre langue et lui assure cette supériorité que depuis elle a toujours conservée.[1] » Dans le siècle suivant, Rousseau, Voltaire et Crébillon entretiennent les restes du feu sacré allumé par leurs prédécesseurs ; mais le bel esprit et le faux brillant l'obscurcissent bientôt, et le genre froid et rétréci des Marivaux[2] et des Dorat achèvent de l'éteindre. Des jours de deuil succèdent ; la poésie enveloppe ses charmes « du crêpe de la douleur et se retire silencieuse au milieu des tombeaux.[3] » Puis, la France glorieuse, s'élevant de ses ruines fraîches et sanglantes, développe aux yeux de l'Europe attentive toute son antique majesté. Les arts reprennent un nouvel essor et c'est dans cet instant de restauration universelle que Dugas-Montbel considère de nouveau la poésie.

Le caractère national, observe-t-il, reste fixe et immuable au milieu des plus grandes révolutions, tandis que le domaine des idées change rapidement de nature et d'étendue. Mais cette liberté, accordée aux conceptions de l'esprit, doit avoir des mesures. Les poètes de son époque, en s'attachant au genre didactique et

---

(1) Dugas-Montbel. Discours à l'Académie.

(2) Dugas-Montbel me semble aussi un peu sévère pour Marivaux. Cf. l'excellente thèse de doctorat ès-lettres de G. Larroumet sur *Marivaux et le Marivaudage.*

(3) Dugas-Montbel. Discours à l'Académie.

descriptif, semblent les avoir méconnues. Un autre abus s'est, à son avis, glissé dans la composition, celui de choisir pour sujet d'un poême le caractère isolé et abstrait d'un sentiment ou d'une passion. La gloire d'Homère se fût évanouie dès les premiers temps, si, au lieu d'une action éclatante qui devait fixer la destinée entre deux peuples rivaux, il avait composé un poême métaphysique sur la colère. Il estime que, pour reporter la poésie à la hauteur d'où elle est déchue, il faut de nouveau recourir aux sujets vraiment poétiques et se proposer pour imitation les grands modèles. Enfin, évoquant à ce propos le souvenir de son prédécesseur, il rend un tribut d'éloge à sa mémoire : « Lorsque je parle, dit-il, de modèles à imiter, Messieurs, au milieu de ceux toujours nouveaux que vous m'offrez pour exemple, viennent se retracer à mon esprit les ouvrages du philosophe éclairé, du littérateur aimable, et du médecin savant auquel j'ai l'honneur de succéder. Vous avez tous, ainsi que moi, joui de ses travaux ; je ne craindrai donc point qu'on m'accuse de tracer ici un éloge commandé par l'usage. Je vous peindrai son esprit et son cœur : son cœur qui me témoigna toujours le plus vif intérêt, son esprit enrichi d'une foule de connaissances, formé au goût le plus sûr pour un travail assidu, qui m'aidait de ses conseils dans la carrière difficile des lettres. Ainsi que moi, Messieurs, vous l'avez vu tour à tour : poète élégant et facile, instruire les hommes par des apologues ingénieux, et faire passer dans ses écrits toutes les beautés des langues étrangères ; penseur profond, développer, dans un ouvrage mûrement réfléchi et longtemps médité, de grandes idées sur l'éducation nationale ; enfin, doué d'une imagination vive, revêtir les leçons de la vertu et de la morale des formes brillantes du conte oriental.[1] »

A partir de ce moment, Dugas-Montbel, — ce sont d'ailleurs ses propres expressions, — se trouve entraîné malgré lui par ses goûts véritables. Le milieu dans lequel il vit, les gens de lettres qui l'entourent et dont la compagnie ou les correspondances lui font

---

(1) Dugas-Montbel. Discours à l'Académie.

« couler » de bien doux moments, l'accueil bienveillant qu'il reçoit partout, enfin les encouragements, les félicitations qu'on lui prodigue, toutes ces marques de sympathie, sans rien lui enlever de sa modestie habituelle, ne font que le rendre heureux en excitant encore son ardeur au travail. J'ajouterai qu'il se rend bien digne, à mon sens, de pareils sentiments : en effet, c'est toujours la même affabilité pour ses collègues et la même simplicité dans ses manières, simplicité qui sied si bien à un homme dont l'esprit, se cultivant de plus en plus, ne laisse jamais percer aucune trace de prétention. Aussi l'Académie sait-elle apprécier toute sa valeur : tantôt elle le choisit pour examiner de nouvelles inventions ;[1] tantôt elle le rend l'arbitre d'un concours de poésie ou de littérature,[2] et, en toute occasion, son dévouement et son impartialité se trouvent à la hauteur de l'honneur et de l'estime dont il est l'objet.

L'impartialité ! Je ne sais quel sentiment de tristesse s'empare de mon âme en prononçant ce mot dont on ne devrait trouver la signification que dans la conscience des hommes, et non sur les pages de poudreux dictionnaires. Dugas-Montbel, lui, possédait à un très haut degré le sentiment de la justice, parce que son érudition intelligente et solide était secondée par une sûreté de jugement et une hauteur de vues qui n'admettaient point de mesquineries. Son caractère ne s'alliait pas plus à la basse flatterie qu'à la rancune excessive ; en toute circonstance, ses appréciations étaient marquées au coin de la plus stricte justice.

Il ne se gêna pas, par exemple, pour flageller, en présence de ses collègues, M. de Palmézeaux, auteur d'une larmoyante tragédie d'*Hippolyte*,[3] qu'il jugeait naïvement supérieure à tout ce que la Grèce avait produit de plus sublime. Lisez plutôt la préface dialoguée qui précède cette tragédie, et vous aurez une

---

(1) L'appareil à vapeur de M. Gensoul, par exemple.

(2) De la supériorité des Grecs dans les arts d'imitation.

(3) *Hippolyte,* tragédie en 3 actes, imitée d'Euripide, par C. Palmézeaux. Paris, an XI.

idée des prétentions de l'auteur et de son dédain pour les chefs-d'œuvre de l'antiquité ; mais ne manquez pas non plus de jeter un coup d'œil sur les notes que notre compatriote a placées en regard des « étranges bévues » de M. de Palmézeaux.[1] Aussi le condamne-t-il avec toute la rigueur de critique d'un excellent juge : « Si M. de Palmézeaux, dit-il,[2] avait eu un peu de goût, il aurait senti que c'était un sacrilège de toucher au rôle magnifique de Phèdre. » Et il ajoute : « il y a aussi loin de l'*Hippolyte* de M. de Palmézeaux à l'*Etéocle et Polynice* de Legouvé, que de la *Thébaïde à Phèdre*..... Ce ton pédantesque, cette manière de se croire philosophe et penseur parce qu'on a une opinion extraordinaire et différente des hommes de goût, voilà ce qui a fait perdre l'esprit à ce pauvre M. de Palmézeaux. »

Prenant toujours la défense des véritables modèles, il combat de tous ses efforts la médiocrité et le mauvais goût. Ainsi, pour en citer une autre preuve, il rend publiquement hommage à l' « inimitable » Molière[3] et à quelques-uns de ses successeurs ; mais il considère avec regret le dégoût de la nation pour ces immortels ouvrages qui « n'attirent plus qu'un petit nombre d'adorateurs zélés et ne sont joués que par un reste de vénération pour son génie .» D'où vient cet abandon des chefs-d'œuvre du poète comique ? Il en trouve deux causes : le changement de mœurs, d'habitudes, de costumes, et la difficulté même de l'art. En effet, la comédie de *caractère*, qui est le genre le plus parfait, exige un talent supérieur. La comédie *d'intrigue* a aussi ses difficultés particulières. Mais quel obstacle ne doit pas rencontrer le poète comique, s'il vient dans un siècle où la société ne présente plus

---

(1) L'exemplaire de la Bibliothèque de Saint-Chamond (L. O. 844) est interfolié et contient de nombreuses notes manuscrites de Dugas-Montbel, qu'il a d'ailleurs développées dans son *Examen* de la tragédie d'*Hippolyte* (Bibl. acad. de Lyon).

(2) Ibid.

(3) Réflexions sur *La Comédie et sur les causes de sa décadence.* — Réflexions sur *le Misanthrope* de Molière.

entre les individus que des nuances légères, une teinte à peu près uniforme, rien de caractéristique, rien de saillant ? Voilà ce qui a découragé les meilleurs esprits, depuis le milieu du XVIIIe siècle. Au lieu de peindre des ridicules imaginaires ou peu prononcés, on a cherché à émouvoir le cœur par des scènes sentimentales. Quand la nation s'est dégoûtée de ce comique *larmoyant*, on a essayé d'introduire sur la scène des personnages historiques. Mais les succès en ce genre sont rares, parce qu'en effet la comédie, dont le but est de peindre les mœurs présentes, se trouve toujours dans une situation forcée, lorsqu'elle prend ses sujets dans les siècles passés et que d'ailleurs les personnages historiques réveillent en nous des idées incompatibles avec les effets que l'on attend de la comédie. Telles sont, en substance, les réflexions de Dugas-Montbel, sans cesse relevées par la netteté du style, l'ordre des idées et la variété des détails.[1]

Je ne parlerai point de son *Tableau de la littérature au XVIIIe siècle*, ni de ses *Observations sur le cours de littérature de La Harpe;* il me suffira d'ajouter que, suivant l'appréciation de tous ses collègues, il montra partout la justesse d'un critique éclairé, la sagacité d'un homme de goût, et cet art si séduisant d'écrire toujours avec une élégante pureté et sans la moindre prétention.

Si toutes ces qualités appréciables se révélaient dans les écrits où son esprit était enchaîné par le cadre de l'idée et les lois de la forme, combien ne devaient-elles pas être plus à l'aise, lorsque, donnant un libre cours à ses pensées, il laissait tomber de sa plume, et à l'adresse de ses amis, des poésies pleines de grâce, de facilité et de doux abandon.[2] Toutefois, bien qu'il fût artiste, Dugas-Montbel ne possédait point le talent de la versification. Il aimait la nature, il en sentait tous les charmes et en appréciait toutes les beautés ; mais il n'avait pas le don de faire participer les autres à ses propres impressions. En effet, si rien n'est plus

---

(1) Voy. *Compte-rendu de l'Acad. de Lyon*, fait par M. Petit, 1805.

(2) *Les Portraits, le Retour du printemps, Epitre à un ami, Adieux à Rome* (Bibl. acad. de Lyon, mss.).

poétique que les pensées qu'il exprime en prose, rien aussi n'est souvent plus prosaïque que la plupart de ses vers. Pourrait-on refuser à Fénelon le sentiment poétique pour en faire l'apanage de Delille ?

Or, j'ai précisément sous la main un petit manuscrit de notre helléniste, dans lequel il relate son voyage en Suisse et en Alsace. Dans cette courte odyssée, comme dans *Télémaque,* le charme poétique se cache sous mille traits agréables, mille pensées saillantes et spirituelles que la simplicité du style rend d'autant plus attachantes. Dugas-Montbel venait d'être reçu à l'Académie de Nancy,[1] lorsqu'il effectua son excursion à travers ces belles provinces de l'Alsace et de la Lorraine qui, pour n'être, hélas ! depuis dix-huit ans, plus françaises de nom, sont et seront toujours françaises de cœur.

Tout d'abord, il se dirige sur Lunéville, cédant probablement aux instances de Mme de Vannoz,[2] associée de l'Académie de Lyon, laquelle possédait près de là une charmante résidence. Il y visite le palais des anciens ducs de Lorraine et constate à regret que les outrages de la Révolution ne l'ont point épargné. « J'aimais, dit-il, à me représenter le luxe et la magnificence d'une cour brillante dans ces lieux maintenant déserts et abandonnés ; je les peuplais d'artistes célèbres, de poètes, de savants, de gens de lettres, que le goût et la munificence du Roy y attiraient de toutes parts. » C'était là que Voltaire — cet homme extraordinaire, qui réunissait en lui les contrastes les plus étonnants — venait composer les beaux vers de *Rome sauvée ;* c'était sous les grands arbres du parc, que Mme du Châtelet donnait aussi l'essor à ses hautes conceptions mathématiques et rêvait au traité sur la *Lumière.*

Après s'être arrêté, en souvenir de M. de Vannoz, dans le manège de Lunéville, « le plus beau manège de France », où l'on

(1) 23 janvier 1807, membre correspondant.

(2) C'est à Mme de Vannoz que Dugas-Montbel dédia le récit de son voyage.

exerçait tout un régiment de gendarmes, Dugas-Montbel entre en Alsace et salue bientôt avec respect l'antique ville d'*Argentoria*.[1] Suivons-le dans l'église Saint-Thomas : là, il critique avec raison la composition du mausolée élevé en l'honneur du maréchal de Saxe ; puis, il nous montre, dans une petite chapelle latérale, le cadavre d'un prince de Nassau, encore paré de ses hauts-de-chausse, avec son pourpoint de bure, ses gants de peau, son bonnet de toile brodé en argent, ses larges souliers coupés à la mode du temps et sa fraise en dentelles grossières. A la sortie du temple, un orage violent le surprend au milieu d'une rue ; il se précipite dans la boutique d'un libraire, et tombe sans s'en douter, au milieu d'une troupe de savants en *us*, « lesquels discutaient fort doctement sur les antiquités, sur les étymologies des mots *Argentoria* et *Strasbourg,* et aussi sur les commentateurs allemands. » On examine une édition de Plaute, corrigée en plusieurs endroits par la main du célèbre Brunck, et l'on s'emporte contre l'ignorance des copistes qui ont défiguré les originaux. « J'étais, avoue-t-il, fort de l'avis de Messieurs les érudits et je mêlais humblement quelques mots à ces sublimes conversations. » La bourrasque passée, il fait, en compagnie d'un jeune archéologue, l'ascension du clocher de la cathédrale, y admire le mécanisme étonnant de sa fameuse horloge, et prête une oreille attentive à tous les détails intéressants que lui fournit, sur les particularités de ce majestueux monument, un aimable cicérone.

Il allait quitter Strasbourg, lorsque, après avoir visité la bibliothèque, il apprend que M. Furner, un richissime allemand, possédait un magnifique cabinet d'histoire naturelle. En curieux, il témoigne le désir de le voir, et, sur la présentation d'un de ses amis, il pénètre dans ce « sanctuaire » de la science où l'attendait une singulière surprise. Premièrement, M. Furner a soin de s'enquérir si le visiteur *connaît les papillons*. Dugas avoue naïvement son ignorance ; M. Furner, là-dessus, fait de nombreuses objec-

______

(1) Strasbourg.

tions, et ce n'est que sur des instances réitérées et « saisi d'un
saint respect » que notre helléniste peut entrer dans la chambre
où étaient renfermés les précieux papillons. « M. Furner, rapporte
Dugas,[1] se décida enfin à ouvrir des armoires fermées à doubles
portes et m'étala des tableaux de papillons, en me disant que
j'aurais bien du plaisir si je connaissais le système de Linnée.
J'aurais désiré qu'il m'en donnât une idée, mais il se contenta de
me répéter : « Vous n'êtes pas connaisseur. »

« Jamais je n'ai été plus accablé de mon ignorance. Cependant
je cherchais à m'en dédommager, et lorsque j'apercevais un
papillon dont les couleurs avaient le plus d'éclat, je m'extasiais ;
mais l'Allemand haussait ses larges épaules en me disant : « On
voit bien que vous ne connaissez pas le système de Linnée. » —
« Hélas ! non, répétais-je aussi de mon côté. » — Alors,
M. Furner, voyant qu'il n'y avait rien à faire avec un ignorant, et
désespérant de pouvoir me donner autrement une juste idée de
son mérite, se mit à me dire le prix de tous les papillons : « En
voilà un qui me coûte cinq louis, celui-là dix, cet autre vingt ;
en voilà un, dit-il, en me montrant un petit papillon jaune, qui
est très commun en Asie, mais excessivement rare en Europe, il
m'a coûté cinquante louis, parce qu'il a été pris à deux lieues
en-deçà des frontières, dans la Turquie d'Europe ; si on l'eût pris
en Asie, je n'en aurais pas donné six sols. » — J'étais dans l'admiration ; je lui demandais s'il était bien sûr de son origine :
« Sans doute, répondit-il, et j'ai des attestations signées des gens
les plus recommandables du pays. » — Alors, ne pouvant louer
dignement M. Furner sur la beauté de ses papillons, je vantais leur
prix ; ceci était plus positif et lui fit plus de plaisir. — « Ah ! vous
n'avez rien vu, me dit-il, j'ai un sphinx que je ne donnerais pas
pour deux mille louis. » — « Ah ! mon Dieu, m'écriai-je, il doit
être bien beau. » — « Oh ! non, reprit-il avec humeur, il n'est
pas beau, non certes ; mais il est rare. » — Je m'excusai de ce
que j'avais pu imaginer qu'il était beau. Pendant cette conversation,

---

(1) *Voyage en Suisse et en Alsace* (Bib. acad. de Lyon, ms.).

M. Furner faisait passer sous mes yeux des tableaux de papillons, comme des verres de lanterne magique : enfin arriva le précieux sphinx ; à la vérité, il n'était pas beau, mais il avait, sur un fond gris et velu, une petite tache rose qui valait les plus grands trésors aux yeux de M. Furner. »

Mais quittons M. Furner et ses collections pour mettre le pied en Suisse. N'attendez pas ici une description pompeuse de chaque point de vue, ni une peinture des mœurs de l'âge d'or. Non, Dugas-Montbel ne chantera point les mœurs pures des habitants de ce pays, car, selon lui, ces bons Suisses, sous ce rapport-là, ne valent guère mieux que nous. Ne sont-ce pas eux qui, dans leur fureur, ont détruit le château et saccagé le parc d'Arlesheim, sujets d'admiration pour le voyageur ? Et, s'il y a lieu de s'indigner de pareils outrages, combien ne doit-on pas s'irriter à la vue du jardin anglais que M. F..., de Bâle, a dessiné sur cet emplacement ? et cela, sans aucune préoccupation du précepte d'Horace :

......*Recte Sapere est et principium et fons.*

Or, l'architecte qui a donné le plan de ce jardin, ne s'est pas souvenu que le bons sens est la base indispensable sans laquelle on ne peut rien édifier ; car, après avoir accumulé sans choix et réuni sans goût des coquillages, des stalactiques, des colonnes, des restes de corniches, du gazon, de la mousse, etc... il a cru imiter la nature, sans réfléchir que, pour être naturel, le plus grand art est de savoir le cacher.

Du jardin d'Arlesheim, Dugas va visiter la bibliothèque de Bâle, et, en passant devant la cathédrale, il a soin de s'arrêter dans la salle où se tint le fameux concile (1431). Avant d'arriver à Shaffouse, il jette un regard sur *Basel-Augst* (Augusta Rauracorum) qu'enrichissent les traces durables de la grandeur des Romains. Le voilà enfin parvenu au terme de son voyage, vers cette belle chute du Rhin, qui prête si bien à la description. Toutefois, l'eau de ce fleuve est, paraît-il, pernicieuse au poëte, et, puisqu'il est de coutume d'inscrire quelques lignes en prose ou en vers sur

un registre destiné aux curieux, Dugas-Montbel se contente d'ap-
pliquer à la chute du Rhin les deux vers que Virgile emploie
pour peindre l'écueil de Scylla. « Convenez, Madame, dit-il que
Virgile avait bien peu d'imagination ; deux vers seulement pour
peindre l'effet des eaux se précipitant dans le gouffre ! Que j'en
connais qui en feraient cent sur un si beau sujet, et qui en ajoute-
raient encore cinquante pour la seconde édition. Laissons dormir
en paix poèmes et poètes descriptifs. Mais surtout ne buvez
jamais de l'eau du Rhin, ce serait trop dommage ! »

A son retour, notre compatriote donna lecture de ce voyage
à l'Académie de Lyon, communiquant ainsi à ses collègues toutes
les réflexions que lui avaient suggérées les beautés pittoresques
de la Suisse et de l'Alsace. « Ce petit voyage, disait Bérenger[1],
fera suite un jour à ceux de Boufflers, de Bertin, de Desmahis et de
M. Bordes ; il est d'un homme de beaucoup d'esprit et d'instruction, qui sait voir, juger et peindre. Il attache le lecteur par une
multitude de traits agréables, précisément parce qu'ils se pré-
sentent sous un style simple et sans prétention. » C'est là, selon
l'expression de Dumas,[2] un de ces ouvrages que l'Académie peut
avec honneur tirer de son portefeuille, lorsque, cédant à cet
avide amour de publicité qui caractérise l'époque où nous vivons,
elle voudra faire imprimer quelques volumes de ses Mémoires.

Une fois rentré au pays natal, Dugas-Montbel songea sérieuse-
ment à se fixer dans la capitale, non-seulement pour y
poursuivre avec plus de facilité ses études grecques, mais afin de
vivre tout-à-fait de cette vie littéraire que la province ne peut pas
procurer. Une circonstance douloureuse le retint quelque temps
encore au sein de sa famille. Jean-Jacques de Boissieu, son parent
et ami, dont la santé était, depuis plusieurs années, chancelante,
venait de mourir, à l'âge de 74 ans,[3] emportant dans la tombe

---

(1) Compte-rendu de l'Acad. de Lyon. 1809.

(2) *Eloge historique de Dugas-Montbel*, par J.-B. Dumas.

(3) Né en 1736 à Lyon, il mourut dans cette même ville le 1er mars
1810.

26

les regrets sincères des âmes honnêtes et de tous les amis des
arts. Par sa mère, Antoinette Vialis, J.-J. de Boissieu était quelque
peu parent de Dugas-Montbel ; aussi, l'Académie laissa-t-elle
à ce dernier le soin et l'honneur de retracer la vie et les travaux
du célèbre aqua-fortiste. Fier, à juste titre, d'une pareille marque
de sympathie, notre helléniste s'excusa toutefois de prendre la
parole à cette occasion : « Peut-être aurais-je dû, dit-il, confier le
soin de louer un artiste aussi distingué à ceux de nos collègues
qui appartiennent à la classe du dessin ; mais j'eus l'honneur d'être
uni par les liens du sang à M. de Boissieu, et j'espère que vous
accueillerez mes paroles avec indulgence, parce que vous regar-
derez la tâche que je remplis comme le pieux devoir d'un parent
qui honore la mémoire de son parent vertueux.» Cet éloge, qui
a eu les honneurs de la publicité, forme une biographie détaillée
et fort intéressante de J.-J. de Boissieu ; et cet intérêt me semble
d'autant plus vif qu'il existe, si je ne m'abuse, entre les deux
natures de de Boissieu et de Dugas-Montbel, une analogie éton-
nante, confirmée encore par les événements de leur vie.

Je me souviens d'avoir entendu dire un jour que le poète est
souvent un peintre, et le peintre plus souvent encore un poète.
Rien de plus juste. En effet, mieux que personne, de Boissieu et
Dugas-Montbel ont compris et aimé la nature ; suivant à peu
près une voie parallèle, que leurs penchants et non leur volonté
leur avaient fait prendre, ils ont su nous transmettre, le premier,
des scènes vivantes et enchanteresses sous des couleurs variées ;
le second, la peinture naïve des mœurs antiques, dans un style
pittoresque plein de charme et de coloris. Ajoutez à la bonté de
leur cœur, cette modestie et cette simplicité qui leur étaient
communes, et il vous sera facile de comprendre que, loin de les
priver d'une gloire dont on est parfois trop avide, ces qualités
donnaient encore plus d'éclat à leur mérite. Voilà pourquoi, en
maint passage de cet éloge, l'esprit et le caractère de l'auteur se
reflètent naturellement. Je citerai, par exemple, deux réflexions[1]

---

(1) Voy. *Eloge de J.-J. de Boissieu*, pp. 17 et 30.

qu'il développa plus tard dans ses divers écrits et dont sa vie ne fut qu'une preuve continuelle : « Certes, dit-il, personne n'eut trouvé, dans l'expression des sentiments de de Boissieu, les élans d'une imagination déréglée, ni cette chaleur factice qu'on a prise si souvent pour un ardent amour des beaux-arts; son enthousiasme fut toujours raisonnable, parce qu'il eut pour base une connaissance exacte et réfléchie de ce qui est beau. Il a détruit le funeste préjugé qu'on ne peut être un grand artiste sans affecter un tour d'esprit bizarre et les manières outrées de l'originalité; comme si la perfection ne consistait pas à allier une imagination vive à une raison solide et à un jugement éclairé.» Et plus loin : « On se convaincra que c'est dans la retraite et dans le silence des passions que se perfectionnent les talents, et, comme tous les arts sont unis par le même lien, peut-être ces réflexions ne serontelles pas inutiles à ceux qui déshonorent si souvent les lettres par les persécutions de la jalousie, et qui sont parvenus à empoisonner ce que le ciel semblait réserver pour consoler les hommes ! »

Lorsque la tombe de cet ami si cher se fut refermée, Dugas-Montbel quitta définitivement le commerce, auquel il ne prenait d'ailleurs plus aucune part, pour aller s'installer à Paris. Déjà, selon l'expression de Ballanche, il était entré, presque à l'insu du public, dans l'enceinte réservée aux plus solides renommées du siècle; il travaillait en silence, s'ignorant lui-même, et avec un grand désintéressement de sa propre gloire qui était destinée à toujours croître. Or, au mois de novembre 1810, J.-B. Dumas recevait de lui la communication suivante : « Me voilà établi à Paris.... Je me passionne tous les jours davantage pour cette belle langue grecque, et, puisqu'il faut être quelque chose en ce monde, je tâche de devenir helléniste; mais, à coup sûr, ce n'est pas une légère besogne. Quel qu'en soit le résultat, je n'aurai pas à me plaindre; le travail me plaît par lui-même, et si je n'atteins pas le but, j'aurai toujours eu le plaisir d'y courir.... Voilà mon helléniste qui entre.»

Cet helléniste, ce maître qu'il égala plus tard, — j'allais dire qu'il surpassa, — était M. Grégorios Zalikoglou, dont le nom francisé est Zalik Grégoire-Géorgiade. Zalik était de neuf ans plus jeune que son élève ; mais, par suite des avantages nombreux tant de son origine que de son long séjour en Grèce, grâce aussi à son goût, à son travail, à son savoir, il s'était promptement mis en évidence. Lors de son premier voyage à Paris, Dugas-Montbel avait déjà suivi ses leçons, qu'il ne dédaigna pas dix ans plus tard. Il n'est donc pas sans intérêt de citer, en passant, le jugement que porta sur son maître notre savant helléniste : « Zalik m'a donné, rapporte-t-il,[1] les premiers éléments de la langue grecque ; il ne manquait pas d'esprit ; mais, comme tous les Grecs que j'ai connus, il avait plus d'imagination que de jugement. Assez instruit, il se serait fait un nom, s'il avait eu plus de constance dans ses idées.» Quoi qu'il en soit, les préceptes de Zalik, joints à la persévérance constante de son disciple, permirent à Dugas-Montbel d'approfondir bientôt toutes les beautés de cette langue grecque qu'il avait jadis traitée avec tant de dédain ; de se faire, pour ainsi dire, un jeu de ses plus inextricables difficultés, de la connaitre enfin comme sa langue-mère.

On serait tenté de croire que l'étude aride des langues mortes devait arriver à tarir la source inépuisable de sa bonhomie et donner quelque austérité à son caractère. Bien loin de là, le talent et la science se trouvaient réunis en lui à un degré tellement égal que la science ne faisait que donner plus de lustre au talent de l'écrivain. L'art de rendre clairement la pensée, de lui donner une expression harmonieuse, de l'envelopper d'une forme tour à tour brillante ou gracieuse, mais toujours simple, toujours empreinte de raison ou de bon goût, ne le cédait en rien à la connaissance des idiomes anciens, à la justesse et à la sagacité des appréciations.[2] Il plaisait par sa modestie, par sa simplicité mêlée de bonne foi ; on aimait en lui les saillies naturelles de son esprit, en admirant aussi les vastes connaissances qui formaient le fond de sa conversation, sans qu'il laissât jamais paraitre aucune

----

(1) Ms. de la Bibl. de Saint-Chamond (L. O. 404)

(2) *Courrier de Lyon*, 1834.

tendance de vanité personnelle. Aussi recevait-il, chez tous les
gens de lettres, un accueil bienveillant ; et son ami, Ballanche,
un des favoris de Mme Récamier, le faisait-il admettre dans le
salon fameux de cette femme incomparable. Là, il se trouva dans
la société des plus éminents personnages de l'époque, les Châ-
teaubriand, les Jordan, les Benjamin Constant, les J. Joubert,
etc... Et certes, ce ne fut point lui qui rechercha leur compagnie ; j'ajouterai même qu'il n'était pas fort à l'aise dans la
demeure célèbre de l'Abbaye-aux-Bois.[1] Il eût préféré de beaucoup
sa tranquille habitation de la rue de Seine ; mais les excellentes
qualités de son cœur lui avaient attiré tant d'estime, que, loin de
diminuer, ses relations ne faisaient que s'étendre. Mme la duchesse de Devonshire l'honorait de ses correspondances ; Mmes de
Staël et Amable-Tastu, et l'abbé Delille l'admettaient dans leur
intimité, et partout on lui décernait, comme jadis à La Fontaine,
le rare surnom de *bonhomme*.

N'allez point là-dessus vous imaginer que les plaisirs de la
capitale diminuaient en lui le souvenir de la cité natale et l'affection qu'il portait à Lyon. Non ! sa pensée s'envolait souvent vers
« le pays de ses premiers ans », au sein d'une famille dont il était
l'idole. Et si, au milieu de la vie agitée et turbulente de Paris, il
songeait souvent aussi à sa patrie adoptive, c'est qu'il espérait y
retrouver un jour, non seulement le calme nécessaire aux gens de
lettres, mais encore, outre l'affection de son frère, la société et les
encouragements de ses anciens amis. « Vivent les vieilles amitiés !
s'écriait-il. Qu'il est doux de se rappeler les premiers temps ! » Sans
cesse, il se berçait du vain espoir de retourner près de ce fleuve
de la patrie « dont le cours tranquille et les bords fortunés semblent présenter l'image d'un caractère paisible et d'une imagination riante ;[2] » et il aimait à se retracer, à l'avance, ses félicités
prochaines : « Mon frère, écrivait-il,[3] me fait arranger une petite

---

(1) C'est là que Mme Récamier s'était retirée.

(2) *Eloge de J.-J. de Boissieu*, p. 18.

(3) Lettre à J.-B. Dumas.

cellule sur les bords de la Saône et m'annonce que, de mon lit, je pourrai voir partir la diligence. Je me fais de cette retraite un tableau délicieux ; je serai à deux pas de la ville pour voir mes amis, et là, rien ne me distraira du travail dont je sens tous les jours le prix. » Ces douces illusions, cet amour du pays ne l'abandonnèrent jamais, car il éprouvait à Paris ce que nous éprouvons tous lorsque nous sommes éloignés des lieux qui captivèrent nos premières affections : il lisait avec avidité les journaux de Lyon ; il n'était pas, dit-il, jusqu'aux *Petites-Affiches* qu'il ne dévorât d'un bout à l'autre ; tous les détails le transportaient, comme malgré lui, *inter fontes sacros et flumina nota*. Aussi consacrait-il ses loisirs à l'étude des auteurs lyonnais ; il communiquait, par exemple, à M. Beuchot des réflexions pleines de sens sur les poésies ignorées de Charles Fontaine, en tirant, de la comparaison de certains passages, un éloge pour les habitants de la vieille cité : « Il serait facile de prouver, disait-il, que, dans les temps éloignés, les mœurs n'étaient guère plus strictes que de nos jours : on se livrait au plaisir, on s'adonnait au luxe, avec autant de passion que maintenant ; seulement nous y mettons plus de délicatesse et de raffinement... Ne cherchons point à répandre le blâme sur notre siècle ; mais ne dénigrons pas non plus nos pères ; s'ils avaient des défauts, ils savaient les racheter par de grandes qualités. »

Puis, lorsqu'il s'était délecté des souvenirs de la petite patrie, notre helléniste reprenait son Homère, en traduisait un fragment, retouchait celui de la veille, préludant ainsi, par des efforts constants et journaliers, à ces travaux remarquables qui recommandent son nom à la postérité !

(1815-1830)

Jamais aucun poëte, aucun écrivain, à quelque nation ou à quelque époque qu'il ait appartenu, n'a été en possession d'une admiration plus légitime, d'une célébrité plus universelle et moins contestée que celle d'Homère. Combien de savants, soit chez les Grecs, soit chez les Latins, ont fait de ses ouvrages le but de leurs études ! Combien de littérateurs et de poëtes l'ont pris pour modèle, lui ont dérobé quelques traits et emprunté certaines expressions, sans jamais pouvoir, non pas l'égaler, mais seulement approcher de sa perfection ! La liste de ses commentateurs et de ses traducteurs formerait à elle seule un volume assez compacte ; du jour même où Démétrius Chalcondyle donna la première édition[1] imprimée de l'*Iliade* et de l'*Odyssée*, de ce jour-là naquit une pléiade de gens de lettres dont l'admiration passionnée pour les chefs-d'œuvres de l'*aède divin*, se perpétuant jusqu'à nous, compte chaque jour des prosélytes de plus en plus nombreux. Aussi ne parlerai-je point en détail de ceux qui, depuis le moyen-âge, ont consacré leurs efforts à faire passer dans notre langue les beautés uniques des poëmes d'Homère. Ce serait d'ailleurs une entreprise aussi audacieuse que peu aisée.

Dès 1502, Laurentius Vallensis[2], puis, en 1537, Andrea divus Justinopolitanus,[3] donnent des traductions latines dans lesquelles Homère reçoit les épithètes glorieuses de plus illustre des poëtes, *clarissimi poetae*, de prince de tous les poëtes, *poetarum omnium principis*. Or, l'enthousiasme ne fut pas moins vif en France qu'en Italie, lorsqu'on put lire aisément ces œuvres destinées à traverser les âges. Aussitôt, les uns s'adonnent spécialement à l'étude de l'*Iliade*, les autres à celle de l'*Odyssée ;* d'aucuns enfin, se bornant à un travail moins étendu, traduisent un passage des

-----

(1) Edition de Florence, publiée, en 1488, aux frais de Bernard et de Nérius Tanaïs Nerlius (2 vol. in-folio).

(2) Edition de Venise, publiée en 1502 (1 vol. in-4º).

(3) Edition de Venise (1537), 1 vol. in-8º.

poèmes épiques ou de la *Batrachomyomachie* et en approfondissent le sens d'une façon plus précise. C'est ainsi que nous voyons surgir successivement : au XVIe siècle, les traductions du chevalier Salel, de Amadys Jamyn,[1] de Salomon Certon,[2] de Jacques Peletier du Mans ;[3] au XVIIe, celles du sieur du Souhait,[4] de la Valterie,[5] de Regnier des Marais,[6] de Mme Dacier ;[7] puis au XVIIIe, celles de Gin,[8] Bitaubé,[9] Rochefort,[10] du baron de Beaumanoir,[11] de Marcade,[12] de Dobremès,[13] d'Aignan,[14] de Lebrun,[15] de Doigni,[16] de Voltaire,[17] de Gruet,[18] de Murville,[19] de Saint-Ange,[20] de L. Coupé ;[21] et enfin, dans notre siècle, les traductions de Chanin,[22] Sugier,[23] Berger,[24] Dugas-Montbel,[25] Bignan,[26] etc.... Je me permettrai de citer, en passant, et cela pour montrer à quel point l'on poussait l'amour du grec, et plus encore celui d'Homère, le jeune anglais, Fr. Cohen de Kentish-

---

(1) Les XXIV livres de l'*Iliade*, traduits du grec en françois, les XI premiers par Hugues Salel et les XIII derniers par Amadys Jamyn (éd. de 1584 et de 1599). — (2) *L'Odyssée*, de la version de Salomon Certon, conseiller et secrétaire des finances de Sa Majesté (éd. de 1604). — (3) Premier et second livres de *l'Odyssée*, trad. en vers (1574). — (4) *Iliade*, avec la suite d'icelle, de la traduction et invention du sieur du Souhait (éd. 1617). — (5) *Odyssée* (éd. 1681 et 1682). — (6) *Le premier livre de l'Iliade* en vers françois, avec une dissertation (éd. 1700). — (7) *Iliade et Odyssée*, avec le texte en regard. — (8) *Œuvres d'Homère*, traduction nouvelle (éd. 1784). — (9) *Iliade et Odyssée*, traduites, avec des remarques (éd. 1787-1788). — (10) *Iliade*, essai de traduction en vers, précédée d'un discours sur Homère (éd. 1765). — (11) *L'Iliade*, en vers (éd. 1781). — (12) *Iliade*, nouvelle traduction (éd. 1782). — (13) *L'Iliade*, traduite en vers (éd. 1784). — (14) *Ibid.* (éd. 1809). — (15) *L'Iliade*, traduite du grec en français (éd. 1809). — (16) *Priam aux pieds d'Achille* (liv. XXIV, *Il.*, éd. 1776). — (17) Commencement du XVIe chant de *l'Iliade*, traduit en vers par M. le marquis de Villette (éd. 1778). — (18) *Adieux d'Hector et d'Andromaque* (*Il.*, liv. VI). — (19) *Ibid.* — (20) Commencement de *l'Iliade*, traduit en vers. — (21) *Opuscules*, traduction nouvelle. — (22) *Mort d'Hector* (*Il.*, XXIIe liv.). — (23) *La Batrachomyomachie*. — (24) *Ibid.* — (25) *Iliade*, *Odyssée,*, etc... (éd. 1815-1828-1833). — (26) *Iliade*, traduction en vers (1830).

Town,[1] qui, à l'âge de huit ans, donnait une traduction française de la *Batrachomyomachie,* accompagnée d'une paraphrase en vers anglais de Pope.

On ne pouvait donc pas dire, en 1815,[2] lorsque Dugas-Montbel fit paraître sa traduction, que la route qu'il venait de parcourir fût restée inexplorée. Aussi, malgré les nombreux encouragements que lui avaient prodigués ses collègues de l'Académie de Lyon, à qui il avait donné lecture de plusieurs passages de sa traduction,[3] n'était-ce pas sans une crainte bien motivée de sa part qu'il se hasardait à livrer au public le fruit de ses longues études et de ses persévérants efforts : « Je sais, disait-il, combien il est dangereux d'arriver après des réputations établies, et peut-être me blâmera-t-on de rouvrir une carrière déjà marquée par plusieurs succès !... Mais combien je m'applaudirais d'avoir entrepris ce travail, s'il devait inspirer à nos jeunes gens le goût des lettres grecques et leur donner le désir de lire le plus beau poème du monde, dans le plus beau langage qu'aient jamais parlé les hommes ![4] » Or, parmi les traducteurs que j'ai cités plus haut, on trouve aujourd'hui des noms presque inconnus ; nous ne nous souvenons plus, par exemple, du vieux La Valterie, justement oublié, ni du conseiller Gin, qui est pourtant plus moderne. On ne cite point les traductions en vers de Certon, de Salel, de Rochefort, etc... Mais par contre on ne saurait passer sous silence, sans une sorte d'injustice, les noms de Mme Dacier, de Lebrun et de Bitaubé, dont les travaux ont droit à notre estime. Ces trois devanciers de Dugas-Montbel ont chacun un mérite et des défauts qui leur sont propres et qu'il est bon de rechercher.

---

(1) *La Batrachomyomachie* ou la guerre des grenouilles et des souris, traduite en français, mot pour mot, de la version latine d'Etienne Berglère, imprimée vis-à-vis.... Londres, 1797, 1 vol. gr. in-8º.

(2) *Iliade et Odyssée,* traduction nouvelle, Paris, P. Didot, 4 vol. in-8º.

(3) Dans la séance du 26 août 1813. Dugas-Montbel commmuniqua la traduction du chant de *l'Iliade,* qui contient les *Adieux d'Hector et d'Andromaque.*

(4) Préface de l'édition de 1815.

Fille d'un père dont la vie fut presque entièrement consacrée à l'étude, vouée, pour ainsi dire, dès ses plus jeunes années, au culte de la littérature antique, et remplie d'un profond respect pour le prince des poètes grecs, Mme Dacier crut bien mériter de son siècle et de sa patrie, en publiant une traduction d'Homère. Rien, il est vrai, n'était plus honorable qu'une pareille entreprise; mais si le projet avait quelque chose de séduisant et d'heureux, l'exécution présentait des difficultés que Mme Dacier semble ne pas avoir aperçues. Convaincue que tout ce qu'elle admirait dans Homère devait être également admirable pour tous les lecteurs, de quelque classe qu'ils fussent; persuadée qu'en s'appliquant à rendre avec une exactitude servile toutes les pensées, toutes les expressions de son modèle, elle ferait naître dans toutes les âmes l'enthousiasme dont elle était pénétrée, Mme Dacier suivit un système de traduction tout-à-fait erroné. Son travail n'offre, par là, qu'une copie pâle et inanimée d'un original plein de chaleur et de vie, une copie devenue infidèle à force de fidélité. Faute d'avoir suffisamment étudié les ressources de la langue française, faute surtout d'avoir connu l'esprit de ses contemporains, cette femme savante n'atteignit pas son but. Elle remplaça cette naïveté délicieuse, qui nous charme dans l'original, par la trivialité de l'expression, la bassesse du style. Par exemple, elle aurait rougi de soupçonner que le tableau des mœurs naïves et quelquefois grossières des temps héroïques pouvait bien ne trouver qu'un fort petit nombre d'admirateurs dans un siècle trop poli pour être naïf et chez une nation dont les habitudes sociales et les mœurs soumises aux règles de l'étiquette contrastaient si fort avec celles des peuples anciens que l'on s'était accoutumé à regarder comme de véritables barbares. Telle fut l'erreur de Mme Dacier : sa traduction obtint toutefois quelque crédit; pendant plus d'un siècle, elle eut, à peu près exclusivement, le privilège de faire connaître les compositions d'Homère aux lecteurs étrangers à la langue grecque.

Un littérateur distingué et qui occupa, dans notre siècle, les hautes fonctions d'archi-trésorier de l'empire, Lebrun, entreprit de réhabiliter le génie d'Homère dans l'estime des gens du monde. Averti par le goût de son siècle, et surtout par la disgrâce de Mme Dacier, des écueils qu'il pouvait rencontrer, Lebrun adopta un système tout-à-fait différent. Convaincu que la peinture des mœurs antiques, présentées dans toute leur simplicité originale, n'offrirait que bien peu de charmes aux lecteurs du XVIIIe siècle, il songea moins à leur montrer Homère tel qu'il était qu'à mettre ses compositions à leur portée. Il se décida donc à faire un choix et à ne présenter de l'ouvrage original que ce qui lui parut propre à émouvoir fortement les esprits, à frapper vivement l'imagination, à laisser dans les âmes des impressions profondes et durables, sacrifiant tous les détails accessoires qui forment un des caractères essentiels de la poésie antique, mais qui eussent pu ralentir la marche rapide de la narration et qui, d'ailleurs, auraient été totalement étrangers aux temps et aux hommes pour lesquels il s'était proposé d'écrire. S'appliquant donc surtout à rendre la rapidité, la fougue et la véhémence de l'auteur original, il coupa, hacha, morcela, déchiqueta sa diction, sans prendre garde que des saccades affectées, de petites phrases décousues, de brusques intercises, étaient précisément le contraire du style homérique. Sa traduction fut généralement goûtée : elle lui attira même de nombreux éloges ; mais j'imagine qu'il les devait sans doute moins à ses travaux qu'à ses hautes fonctions. Ainsi L. P. Bérenger[1] ne dévoilait point le fond de sa pensée, lorsque, parlant au prince de Plaisance, il lui adressait ces flatteuses paroles : « Oui, Monseigneur, vous êtes depuis Fénelon, le Français qui a le mieux traduit Homère, parce que votre génie a pu traduire le sien.... vous avez fait oublier, comme par enchantement, toutes les traductions qui avant vous semblaient avoir fixé l'estime des connaisseurs. » Quoi qu'il en soit, la traduction de Lebrun offre un caractère particulier qui la distingue des autres et justifie peut-être la réputation dont elle a joui. Mais, au demeurant, cette tra-

----

(1) Discours à S. A. Mgr Lebrun, archi-trésorier de l'empire, prince de Plaisance, etc.... par L. P. Bérenger. — Lyon, Amable Leroy, 1809.

duction ne nous donne pas la véritable physionomie du poëte : celui dont nous y démêlons les traits n'est, tout au plus, qu'un Homère vu de profil.

Quelques années plus tard, parut la traduction de Bitaubé. Suivant un système entièrement opposé à celui de Lebrun, Bitaubé rentra dans les idées et dans la manière de Mme Dacier; mais il avait sur elle l'avantage appréciable d'être éclairé par l'expérience d'un siècle et demi et de comprendre, mieux qu'elle ne l'avait fait, les difficultés de son entreprise. Il s'appliqua donc à éviter les défauts qui avaient rendu tout-à-fait inutile pour la gloire d'Homère l'important mais faible travail de la femme savante du XVIIe siècle. Dans sa traduction, il ne perdit jamais de vue le temps et les lecteurs pour lesquels il écrivait; il sentit parfaitement que, si les conceptions du vieux chantre d'Achille et d'Ulysse étaient dignes d'être transmises à ses contemporains dans toute leur intégrité primitive, quelques-unes des formes sous lesquelles ces conceptions se produisaient dans l'ouvrage original ne pouvaient être également bien reproduites, avec avantage, dans toute la naïveté de leur couleur native. Oubliant presque que le principal mérite d'Homère est de peindre, avec autant de justesse que de naturel, les temps et les hommes de l'antiquité, il mit tous ses soins à relever, par la pompe de l'expression et par la magnificence du style, certains détails dont la simplicité lui paraissait trop vulgaire, certaines images dont la naïveté un peu grossière lui semblait propre à effaroucher la pruderie de ses contemporains. Il s'imagina que des phrases d'une harmonie fausse, surchargées d'épithètes et gonflées de vent, représenteraient bien ces trésors de mélodie et d'élocution pittoresque, ces détails de style si pleins d'imagination, de force et de grâce, dont Homère abonde. Mais, il échoua complètement. Dans la crainte d'être vulgaire et trivial, il devint fréquemment recherché et emphatique; il ne sut pas conserver ce langage simple et lucide qui n'exclut ni la noblesse ni l'élégance. Bien que préférable à celle de Mme Dacier, la traduction de Bitaubé est donc loin de donner une idée exacte d'Homère; elle n'en reproduit que très imparfaitement la naïve et majestueuse physionomie.[1] Ainsi, après ces derniers traducteurs, auxquels on ne saurait se refuser de reconnaitre quelque mérite, sans être injuste, la carrière restait encore ouverte à ceux qui, curieux d'y entrer, voulaient s'avancer vers cet autel que les siècles ont élevé au chantre d'Achille et d'Ulysse. Les lauriers conquis par ces devanciers n'étaient point, à mon sens, un motif propre à décourager de nouveaux efforts ; dans les traductions comme dans les sciences, on part toujours du point où les autres se sont arrêtés, et, si leurs découvertes sont utiles, on profite peut-être encore davantage de leurs erreurs. Or, Dugas-Montbel, il faut en convenir, avait un immense avantage sur ses prédécesseurs : c'était précisément de venir après eux. Ajoutez qu'il vivait à une époque où le goût des études classiques semblait s'être réveillé, à une époque où les progrès de la critique et les nombreux travaux des savants paraissaient rendre plus facile la tâche du traducteur ; il était donc merveilleusement partagé. Mais, si les moyens de réussite étaient plus nombreux, les esprits étaient devenus du même coup plus exigeants et bien moins susceptibles d'être contentés. En s'imposant la tâche périlleuse de donner une nouvelle traduction d'Homère, Dugas-Montbel prenait, pour ainsi dire, le double engagement de faire mieux que ses prédécesseurs et de satisfaire des lecteurs que le temps et les nouvelles lumières avaient rendus plus difficiles. Il ne suffisait plus, à l'exemple de Lebrun, de choisir dans Homère les tableaux capables de réveiller des imaginations engourdies ; il ne suffisait plus, comme l'avaient fait Mme Dacier, puis Bitaubé, de présenter aux lecteurs du XIXe siè-cle une copie assez exacte, mais plate et ampoulée des composi-tions du grand poète ; il fallait ou rester en repos, ou donner Homère, sinon tout-à-fait tel que le connaissent ceux qui peuvent lire ses écrits dans l'original, mais tel au moins qu'il fût possible

---

(1) Voy. *Archives du Rhône,* 1829, p. 294. J'ai emprunté à ce recueil une certaine partie des développements qui précèdent et qui me semblent être le fruit d'une sage appréciation. A quoi bon, en effet, refaire ce qui a été bien fait ?

de retrouver, sous le voile de la traduction, tous les traits principaux de ce noble modèle ; il fallait tout rendre, tout exprimer : ses images empreintes d'une couleur toute locale ; ses détails de mœurs si petits aux yeux des modernes ; ses tableaux si riches de vérité et de coloris ; tout cela devait reparaître dans la traduction, sans que le traducteur oubliât de rester fidèle au génie de la langue dans laquelle il écrivait. La qualité la plus difficile à avoir n'était pas, selon M. Letronne, une grande exactitude, puisque la critique ancienne et moderne fournissait tous les secours désirables ; ce qui importait surtout, c'était d'arriver à une diction simple et noble à la fois, exempte d'une vaine recherche des formes poétiques de notre langue, afin de donner quelque idée de la manière du poète à ceux qui ne le lisent point dans le texte original.

Dugas-Montbel a satisfait à toutes ces conditions. Il rend avec bonheur l'expression de cette nature choisie « dont les Grecs ont eu le sentiment dans les arts de l'imagination comme dans ceux du dessin ; [1] » ces détails de mœurs si familiers, parfois si vulgaires à nos yeux, il se garde bien de les retrancher ou d'en affaiblir la vérité naïve, en cherchant à les voiler sous la pompe de l'expression ; il les donne tels qu'il les trouve, se contentant de les exprimer avec clarté, mais aussi avec une heureuse élégance. Une exactitude rigoureuse sans être servile, un style constamment pur, élégant et correct ; simple, concis, animé, plein de vigueur selon les convenances de la pensée : voilà les qualités premières qui distinguent éminemment la traduction de Dugas-Montbel et qui lui assurent une supériorité incontestable sur toutes celles qui l'ont précédée.

Un autre mérite de son travail, c'est le bonheur avec lequel il sait conserver et reproduire les épithètes homériques ; loin d'être facile et simple, cette tâche exigeait, au contraire, beaucoup de science et de jugement. En dépouillant Homère de toutes les épithètes, on ôte à sa traduction tout le caractère de l'original si essentiel à reproduire ; et, d'un autre côté, en les exprimant avec

------

(1) *Journal des Savants,* année 1830.

une fidélité trop scrupuleuse, on risque d'être bizarre. « Il y a des épithètes, dit M. Letronne,[1] qui ne sont amenées que pour faciliter la facture du vers ; c'est probablement un reste du caractère primitif d'improvisation qu'avait la poésie épique chez les Grecs ; d'autres sont caractéristiques et reviennent chaque fois que le même nom se rencontre. Les rendre toutes en français serait fastidieux et souvent inutile au sens ; mais il en est qu'on ne peut se dispenser de reproduire. C'est un choix à faire dont le goût est juge, et M. Dugas-Montbel semble avoir posé une limite fort raisonnable. » A ce propos, M. Letronne signale çà et là quelques taches légères ; il eût préféré que le traducteur fût parfois plus fidèle à lui-même, en traduisant toujours certaines épithètes par les mêmes expressions, afin de ne pas « friser », mais de rendre totalement, le terme véritable. Il cite même plusieurs exemples à l'appui de ce jugement. Par contre, M. Dussault, dans le *Journal des Débats*,[2] félicite, tout en lui en sachant gré pour les lecteurs, M. Dugas-Montbel d'avoir élagué un grand nombre de ces épithètes. « Peut-être même, ajoute-t-il, n'en a-t-il pas assez écarté. » Beaucoup de traits, en effet, qui ne sont pas des beautés dans Homère, deviendraient, chez ses traducteurs, de grotesques caricatures. Dugas-Montbel, dans le mémoire intéressant qu'il publia sur ce point,[3] nous donne les raisons pour lesquelles il a cru devoir conserver ou supprimer certaines épithètes homériques. Ainsi, il rendra parfois l'épithète significative des Grecs *à la longue chevelure*,[4] tandis qu'il nous fera grâce des *yeux*

---

(1) *Journal des Savants*, 1830.

(2) 10 décembre 1815. L'article de M. Dussault, ainsi que plusieurs autres insérés dans le *Journal des Débats*, ont été recueillis dans les *Annales littéraires*, publiées par le même M. Dussault, en 1818.

(3) Des épithètes dans les poésies homériques, *Bulletin des sciences historiques*, (tome 3, mars 1825).

(4) La longue chevelure était chez les Grecs, comme chez toutes les nations barbares, une marque de dignité et de liberté. Les esclaves étaient obligés de se faire raser. (Voy. Robertson, *Introd. à l'hist. de Charles-Quint*, note 9e.

40

de bœuf de Junon. Il traduira toujours : Hector *au casque étincelant,*
Achille *aux pieds rapides,* Agamemnon *roi des hommes,* parce que
ce sont là des particularités qui caractérisent spécialement ces
héros. En un mot, on ne sent pas dans son travail cette surabon-
dance d'épithètes homériques qui surcharge si ennuyeusement les
traductions de ses prédécesseurs.

Aussi, de tous les points, ce fut un concert d'éloges ; toutes
les feuilles littéraires vantèrent à l'envi la nouvelle traduction,
avec son style simple sans être prosaïque ; noble sans cesser d'être
naturel ; plein, sans être lourd de nombre et d'harmonie ni traînant.
Ce qu'on apprécia surtout en Dugas-Montbel, c'est qu'il n'est
pas systématique : il va droit à son but sans s'étudier à persuader
qu'il a pris la bonne voie et qu'il a suivi la meilleure route. Vous
n'y remarquez nulle prétention, nul effort, et plus de bonheur s'y
fait sentir. « On le lit avec moins de peine, dit M. Dussault,[1]
parce qu'on y trouve plus de simplicité ; sa prose coule avec une
douceur élégante, également éloignée d'une bonhomie inculte
et rustique et d'une ambition poétique. » Par son exactitude, il
satisfait les savants ; et, d'autre part, il ne rebute point les gens du
monde, soit par la triviale bassesse d'une élocution rampante, soit
par l'affectation et le fracas d'une prose qui vise à la poésie et
n'atteint que le ridicule. En un mot, selon l'expression de Bignan,[2]
« la version de Dugas-Montbel est animée d'un coloris remar-
quable d'antiquité : chaleur, grâce, simplicité, grandeur, elle rend
heureusement toutes les qualités du divin modèle. Ce mérite a,
sans doute, pour cause le principe de fidélité scrupuleuse auquel le
traducteur s'est asservi ; jamais il n'amplifie, jamais il ne raccour-
cit son poëte. Il copie les attitudes de son génie, le mouvement
de ses pensées, la symétrie de sa phrase. Ce système a l'avantage
de nous faire entrer avec la poésie grecque dans une intimité
plus profonde, et de nous révéler ainsi une foule de beautés que
la négligence des prétendus traducteurs nous avait, en quelque

---

(1) Op. cit.

(2) Cf. Dumas, *Eloge historique de Dugas-Montbel,* p. 13.

sorte, dérobées. Il y a encore bien des choses nouvelles envelop-
pées dans les choses antiques ; honneur aux savants qui, à l'exemple
de Dugas-Montbel, sauront découvrir de nouveaux sillons dans
ce champ parcouru déjà tant de fois ! Sa traduction est destinée
à vivre longtemps, parce qu'un goût sûr, un sentiment profond
des beautés antiques ont constamment soutenu le traducteur
dans sa lutte consciencieuse et opiniâtre avec un athlète qu'il
sera toujours impossible de vaincre entièrement, mais sous lequel
ne pas succomber est une glorieuse victoire. »

Telle était alors, en substance, telle est encore de nos jours, l'opinion du public sur la traduction de Dugas-Montbel ; MM. Dussault,[1]
Letronne,[2] Duplessis,[3] Bignan[4] et Ballanche, se firent les interprè-
tes de ce sentiment général, dans les journaux ou revues auxquels
ils collaboraient. Pendant que Ballanche gratifiait notre helléniste
du pompeux surnom de *second Homère,*[5] M. Dussault lui décernait
les titres de laborieux littérateur, d'estimable écrivain. Puis, il lui
conseillait vivement de lire et relire sans cesse le *Télémaque :*
« Voilà, s'écriait-il, voilà la règle ! voilà le modèle ! » Or, Dugas-
Montbel, avec sa modestie accoutumée, n'était pas homme à se
laisser séduire par tant de félicitations : il n'en prit même, — et
cela très courtoisement, — qu'une part bien minime. « Je vous
prie d'être mon interprète, écrivait il à Mme Dussault,[6] auprès de

---

(1) Op. cit.

(2) *Journal des savants,* 1830.

(3) *Archives du Rhône,* 1829.

(4) *France littéraire.*

(5) On lit sur le premier feuillet de l'édition d'*Antigone* que Ballanche
adressa à Dugas-Montbel, ces mots flatteurs : *A mon bon ami, Homère IIme.*
— L. P. Bérenger, dans son épître *A mes chers disciples,* s'écrie :

> Jeunes Français, lisez, lisez Homère,
> Il est vivant quand Dugas le traduit ;

et il l'appelle « le meilleur, le plus savant et le plus modeste des hommes ». — Cf. *Poésies de Société et de circonstances,* par L. P. Bérenger.
Lyon, Brunet, 1817, in-8º, pp. 118.

(6) Lettre datée de Lyon, 16 août 1816, (Bibl. de Saint-Chamond).

42

ce bon et aimable M. Dussault, et de lui témoigner tout le plaisir que m'ont causé les choses trop agréables qu'il a bien voulu m'adresser. En vérité, son suffrage m'est infiniment précieux ; il me vaut seul tout un public et même un public éclairé ; il me rendrait glorieux si je ne savais pas tont ce qu'il entre d'indulgence et de bienveillance pour moi dans tout ce qu'il me témoigne de flatteur ; je fais aussi la part de l'amitié, et je tiens beaucoup trop à la sienne pour ne pas faire cette part un peu forte. Aussi bien, loin de m'endormir aux doux sons de sa louange, toute mon étude sera de la mériter encore davantage ; je mettrai à profit ses bons conseils, je cultiverai son intimité où il y a tant à gagner, et je tâcherai ainsi de justifier la bonne opinion qu'il a de moi. Dites-lui, je vous prie, que, tous les jours, en son intention, je fais une oraison au dieu du goût dans le *Télémaque,* et, tous les jours, je me confirme dans l'opinion qu'il m'a si souvent répétée que ce livre devait être le bréviaire d'un traducteur de l'*Odyssée....* »

Dugas-Montbel, on le voit, s'était élevé, du même coup, par ses travaux sur Homère, au rang des meilleurs traducteurs et des hommes de lettres les plus distingués de son époque. La première édition de sa traduction ayant été promptement épuisée, il dut songer à en donner une seconde, qui parut seulement en 1825,[1] avec de nombreuses corrections. Il est des gens qui se laissent facilement éblouir par les apparences souvent trompeuses de la flatterie ; c'est là, en général, une marque de vanité autant que de faiblesse. Or, comme je l'ai déjà dit, notre compatriote avait trop de modestie pour encourir ce reproche. Jamais il ne considéra son travail que comme une ébauche ; fidèle au précepte de Boileau, il le remettait sans cesse sur le métier, le perfectionnait chaque jour, à mesure qu'une familiarité plus grande avec son poète favori le faisait pénétrer plus profondément dans sa pensée ou lui en faisait apercevoir les nuances les plus délicates. Une telle persévérance indique des qualités rares en

____

(1) Chez Sautelet, 4 vol. in-8°.

tout temps : la recherche opiniâtre du mieux, la crainte de ne jamais faire assez bien et le besoin de consulter autrui pour se garantir de ses propres illusions. Aussi bien, en 1828[1], M. Firmin Didot publia-t-il, en tête de sa grande collection des auteurs grecs, la traduction de Dugas-Montbel, fruit d'une vie indépendante et sans ambition. Cette nouvelle édition, de nouveau modifiée et corrigée avec soin, fut accompagnée du texte en regard et suivie de nombreuses observations sur les deux poèmes, la *Batrachomyo-machie* et les *Hymnes,* travail fort important et qui fait autant d'honneur à l'érudition de son auteur que la traduction en fait à son talent. L'année suivante parut, chez le même imprimeur, l'*Histoire des poésies homériques,*[2] qui devait, pour ainsi parler, servir d'introduction ou de prolégomènes à la traduction et aux notes.

Ceux qui ont quelque peu étudié la littérature française doivent se souvenir combien grande fut la clameur et quelle bataille acharnée se livrèrent les esprits les plus éclairés du grand siècle, lorsque Charles Perrault, lançant, au sein de l'Académie, des critiques pleines de violence et d'amertume à l'adresse des anciens, prétendit placer ces derniers au-dessous des modernes et s'atta-quer à la gloire incontestée d'Homère, en osant nier non seule-ment l'unité de l'*Iliade* et de l'*Odyssée*, mais jusqu'à l'existence de leur auteur. Alors on vit, d'un côté, Boileau, Racine, La Fontaine, Fénelon, Mme Dacier, Huet, etc..., de l'autre, Perrault, d'Aubi-gnac, Desmarets Saint-Sorlin, Fontenelle, La Motte, etc... répon-dre aux écrits par les écrits, aux gros mots par des injures plus violentes encore. Afin de persuader le public en faveur de leur parti, Boileau publiait ses *Réflexions sur Longin ;* Racine et Féne-lon faisaient passer en notre langue les aventures d'Ulysse, Mme Dacier donnait ses trop savants commentaires sur Homère, enfin Huet, évêque d'Avranches, traitait la question avec beau-coup de raison dans une lettre à Perrault.

---

(1) 1828-1830. *Traduction,* 6 vol. ; *Observations,* 3 vol. in-8º, texte en regard.

(2) *Histoire des poésies homériques,* 1831, 1 vol. in-8º.

Or, celui-ci, développant ses principes, ripostait par le *Parallèle des anciens et des modernes* et faisait contribuer à sa thèse les matériaux rassemblés de mémoire par l'abbé d'Aubignac ;[1] Desmarets Saint-Sorlin brûlait du désir de venger la poésie française et, dans son dernier ouvrage, il léguait même ce soin-là à Perrault, qui ne manqua pas de s'en acquitter ; enfin, Houdard de La Motte prenait plus tard la plume et plaçait, en tête de sa traduction d'Homère, un discours dans lequel, sans vouloir blâmer les modernes de leur admiration pour Homère, il les réprimandait d'avoir, pour ce poëte en particulier et pour les anciens en général, un enthousiasme exagéré, une sorte de *fétichisme* sans limites. Mme Dacier voulut répondre ; mais elle n'avait plus affaire à Ch. Perrault : il fallait lutter contre un homme d'esprit, un écrivain élégant et correct ; elle eut le tort, dans son livre intitulé : *Des causes de la corruption du goût,* de céder à sa violente indignation et de soutenir ses raisons par les plus vives injures, car elle ne concevait pas de blasphème égal à celui d'attaquer Homère. La Motte lui adressa ses *Réflexions sur la critique,* écrites avec beaucoup d'urbanité, mais d'une manière très piquante. L'abbé Terrasson intervint en faveur du bon La Motte ; Gacon, Boivin, Fourmont, l'abbé de Pons figurèrent aussi au nombre des combattants, sans en excepter le P. Hardouin, qui voulut contrarier Mme Dacier par son *Apologie d'Homère*. En dernier lieu, et comme résultat final, les idées de Mme Dacier prévalurent ; toutefois, le ton qu'elle avait pris dans cette querelle ne laissa pas d'être vivement blâmé. Les inimitiés cessèrent, et il ne fut plus, dès lors, question de contester l'excellence des poëmes d'Homère.

N'allez pas croire, après cela, que les querelles de ce genre soient bien nouvelles.

---

(1) *Les Conjectures académiques* ou dissertations sur l'*Iliade,* ouvrage posthume trouvé dans les recherches d'un savant (Hédelin d'Aubignac), Paris, 1715, 1 vol. — Cf. la *Thèse* de M. Arnaud sur d'Aubignac (Paris, 1887). — Les idées d'Aubignac ont été principalement suivies par Richard Bentley (*Opuscula philologica dissertationem in Phalaridis epistolas et epistolam ad Joannem Millium continentia*) ; elles furent combattues par Pope et Swift.

Horace[1] se plaignait déjà, de son temps, de voir l'envie immoler
à la gloire des anciens le génie des auteurs contemporains : il n'allait pourtant pas jusqu'à méconnaître les beautés d'Homère ; mais il
réclamait au moins justice pour son temps. Depuis, ce sentiment
se conserva, sans se produire au-dehors, jusqu'au moment où il
provoqua le combat que l'on sait. Or, c'est toujours sur Homère
que se dirigent les traits des agresseurs ; il semble être le chef
invincible de cette cohorte de poètes, de philosophes et d'orateurs
grecs contre lesquels s'acharnent les modernes de tous pays.
J'ai dit : de tous pays, et c'est exact ; car les autres nations ne sont,
sur ce point, guère plus sages que nous ; nos voisins d'Outre-
Rhin, par exemple, seraient si mal venus à nous critiquer, que
nous pourrions les rendre responsables de la lutte qui éclata de
nouveau, au début de ce siècle, sur la question d'Homère. Ce
n'était plus alors l'antiquité tout entière que l'on citait à la barre ;
il s'agissait simplement de juger Homère, ou plutôt ses œuvres,
puisque l'on niait aussi l'existence du poète.

L'attaque partit encore du sein de l'Académie, mais de l'Académie des inscriptions et belles-lettres. L'on devine aisément que
Dugas-Montbel n'y était point étranger ; il en fut même le principal auteur. Lorsqu'en 1830, il lut à l'Académie certains passages
de son nouveau travail sur les poésies homériques, il n'y eut ni
clameurs, ni cris, ni discussion orageuse, mais bien un étonnement, une stupéfaction sans pareille. Dugas-Montbel, en effet,
avait été, en son temps, un fervent partisan d'Homère ; il s'était
même élevé contre « les érudits qui avaient pu imaginer que ce
poète n'avait pas existé ;[2] » et l'objection la plus forte contre ce
système était, selon lui, « l'ensemble parfait qu'avait mis dans
toutes les parties de son ouvrage celui dont ils niaient l'existence ».
C'est ainsi qu'il s'exprimait, en 1815, dans la préface de sa traduction. Seize ans plus tard, ce « bonhomme, » pour emprunter

---

(1) Epitre II, 1.

(2) Préface de la première édition de sa traduction.

46

l'expression de M. Pierron,[1] demandait presque pardon à Dieu d'avoir pu croire un instant qu'il y avait eu un Homère.

Le système soutenu par Dugas-Montbel, dans l'*Histoire des poésies homériques,* est celui qui suppose que nous n'avons plus les poêmes d'Homère; que ces poêmes, primitivement formés de morceaux isolés, ont été composés par les Homérides, chantés par les rhapsodes, recueillis et coordonnés par les diaskévastes, et que le travail final a été accompli par Pisistrate. Il compare leur origine à celle des *Sagas,* en Suède; de *Kœpemviser,* en Dane-mark; des *Niebelungen,* en Allemagne; des ballades écossaises; des romances espagnoles qui formaient, comme le disait Lopez de Vega, une *Iliade* dépourvue d'Homère. Ces idées avaient déjà été jetées dans le public par Vico,[2] puis développées par Fréd. Aug. Wolf,[3] en 1795. Elles avaient même acquis en France des partisans fort distingués, tels que Charles Levesque et Clavier. Selon Wolf, Homère n'a jamais existé, par la bonne raison qu'il n'a pas connu l'usage de l'écriture et qu'il lui eût été impossible de composer de mémoire deux poêmes aussi considérables. Or, le marquis de Fortia d'Urban[4] qui avait pris, en cette occasion, la

---

(1) *Histoire de la littérature grecque,* p. 44.

(2) Vico Giambattista, *Principi di scienza nuova, colla vita dell'autore,* éd. 1811.

(3) *Prolegomena ad Homerum,* sive de operum homericorum prisca et genuina forma variisque mutationibus, etc... Halis Saxonum, 1795, 2 vol. in-8º. — Bien que le cadre restreint de cet ouvrage m'empêche d'entrer dans les détails relatifs à cette question de l'existence d'Homère, je citerai les principaux auteurs qui se sont rangés du parti de Vico et de Wolf, suivi plus tard par notre helléniste : Robert Wood, Richard Bentley, Heyne, David Ilgen, Caillard, etc.... — Les idées de Wolf furent vivement combattues par Pope, Swift et Thomas Blackwell, en Angleterre; et en Allemagne, par Ruhnken, Wassemberg, de Marée *(Versuch uber die cultur der griechen zur zeit ders Homers),* Amelang J.G. *(Von dem alterthun der schreibkunst),* Hug Léon, Nitzch, Bouterweck, Koppen, Ruhkopf; en France, par de Sainte-Croix, Larcher, de Villoi-son, etc...

(4) *Homère et ses écrits,* par le m^is de Fortia d'Urban, Paris, 1832, 1 vol.

défense d'Homère, émit une opinion contraire à celle du célèbre professeur de Halle et prétendit, en se basant sur le passage relatif à Bellérophon,[1] que le poëte avait pu écrire ses poëmes.[2]

L'écriture était-elle connue au temps d'Homère ? tel était le premier point de la question, d'où devaient découler tous les autres. Dugas-Montbel se rangea du parti de Volf et, dans une brochure spéciale,[3] réfuta les assertions de M. de Fortia d'Urban, en prouvant qu'on ne trouvait aucune trace de livres écrits avant l'époque de Solon. La conclusion forcée était qu'Homère, n'ayant pu de mémoire composer et transmettre l'*Iliade* et l'*Odyssée*, n'avait pas existé. Il considérait Homère comme un simple rhapsode, peut-être plus distingué que les autres ; mais ses chants, comme ceux des rhapsodes, ses contemporains, après avoir été diversement rassemblés sous Lycurgue et sous Pisistrate, puis recensés par les grammairiens d'Alexandrie, avaient pris peu à peu une liaison épique, à laquelle ni Homère ni les Homérides n'auraient jamais pu songer. Une nouvelle preuve de cette hypothèse : c'est que sept villes[4] se disputent l'honneur de son origine ; or, si les peuples de la Grèce, dit Vico, ont tant discuté sur la patrie d'Homère, si presque tous le voulurent pour leur concitoyen, il est indubitable que les peuples grecs furent eux-mêmes cet Homère.

----

(1) En voici la traduction : « Prétus, déguisant son ressentiment contre Bellérophon, l'envoie en Licie et lui donne pour le roi, son beau-père, des lettres bien cachetées, où il lui marque l'injure qu'il a reçue, et prie ce prince de le défaire d'un traître qui a voulu le déshonorer.» Il s'agit de savoir si cette lettre était écrite avec les lettres phéniciennes ou en signes hiéroglyphiques.

(2) Cf. Thomas Blackwell (*Essay on the original genius and writings of Homer*), 1769. — Kreuser, *Volfrage über Homeros, seine zeit und gesange)* 1828. — Ces deux auteurs abondent dans le sens de Fortia d'Urban.

(3) *De l'époque où l'écriture fut introduite dans la Grèce* (extrait de la *France littéraire,* septembre 1832).

(4) Smyrne, Rhodes, Colophon, Salamines, Ios, Argos, Athènes. — M. Schubarth (*Ideen über Homer und sein Zeitalter)* prétend qu'Homère

48

N'allez point imaginer, là-dessus, que Dugas-Montbel est un détracteur d'Homère ! Non, certes, il serait même désolé d'avoir mérité cette accusation, si, par Homère, on entend les ouvrages qui portent ce nom ; « mais si l'on entend parler, ajoute-t-il, de l'homme lui-même, je cherche quel est cet homme, objet d'une si grande prédilection. On ne connait ni sa naissance, ni sa patrie, ni sa destinée ; sa vie entière est environnée de circonstances mystérieuses, bizarres, contradictoires.... Je ne vois rien de réel, rien de positif, que des poésies admirables. Il est vrai que, dans leurs dispositions générales, je n'aperçois point cette pensée unique, conçue par un premier poète et que chacun s'efforce vainement de saisir.... Mais ce n'est point là, je l'avoue, que je place le plus grand mérite des deux poèmes. Ce qui me charme bien davantage, c'est d'y retrouver l'histoire passionnée des siècles héroïques de la Grèce, d'une époque de la société qui ne laisse presque jamais aucun monument après elle. Ce qui me charme, c'est cette aimable naïveté du monde naissant, ces sentiments exprimés avec une énergie que n'ont point encore altérée la politesse et l'élégance de la civilisation. Pour moi, tout vit et tout respire dans ces poésies sublimes : ce n'est plus un merveilleux de convention, c'est la religion des peuples dans leur enfance ; ce ne sont plus ces machines poétiques si habilement arrangées, ce sont les accents d'une muse créée par les intérêts les plus chers ; ce ne sont plus de vaines fictions, ce sont des nations entières qui me font partager leurs émotions les plus vives. Voilà, n'en doutons pas, le secret de notre admiration pour ces peintures animées, pour ce pathétique si profond que jamais aucun art humain, jamais les plus puissants génies ne sauraient égaler.

était troyen ; M. Thiersch (*Ueber das zeitalter und waterland des Homer*), dit qu'Homère appartient à la Grèce européenne, et principalement au Péloponèse. — D'autres opinions, plus ou moins absurdes ont été émises sur la patrie d'Homère ; Gladstone fait un Homère hébreu ; un Hollandais (1704) prétend que Troie représente Jéricho ; un belge, C.-J. de Grave, avance (1806), dans sa *République des Champs-Elysées* ou *monde ancien,* que les poètes Homère et Hésiode sont originaires de la Belgique.

Aussi la grande erreur est d'avoir voulu juger ces cris de l'inspiration comme toute autre production littéraire, d'avoir voulu les soumettre à la règle commune et de les avoir sans cesse corrigés dans la même pensée. Certes, je le regrette ; je regrette qu'un goût trop délicat ait affaibli ces empreintes vigoureuses, quoiqu'un peu grossières, d'un âge rude encore. Je regrette que nous n'ayons pas au moins les poëmes du temps de Pisistrate ; mais enfin, même dans l'état où nous les a transmis l'école d'Alexandrie, si nous écartons pour un moment les idées qui nous préoccupent, nous pourrons apercevoir ce qu'étaient ces poésies, lorsque, dans le palais des rois, elles faisaient couler d'abondantes larmes ; lorsque, des rivages de l'Ionie, elles pénétraient dans la Grèce charmée, dont elles amélioraient les mœurs ; lorsque, dans Sicyone, on refusait de les entendre, parce qu'elles célébraient avec trop d'éclat l'ancienne gloire d'Argos. Non, certes, en les considérant à ce point de vue, les poëmes d'Homère ne perdent rien de leur prix ; au contraire, c'est les replacer au rang qu'ils avaient perdu ; c'est les rendre à leur caractère primitif. Pour moi, qui longtemps ai partagé l'opinion commune, ce n'est, je l'avoue, qu'après les avoir considérés sous ce point de vue, que je m'en suis fait une juste idée ; plus je suis entré dans cette voie, plus j'y ai découvert de nouvelles beautés. Dès lors, j'ai quitté sans regret un Homère fabuleux, pour retrouver d'antiques poésies nationales pleines de vie et de candeur, que voilaient à nos yeux de fausses traditions ; et j'ai cessé de poursuivre l'idée chimérique d'un plan de poëme, que chacun interprète à son gré, puisque nous avons enfin recouvré une véritable épopée, c'est-à-dire une de ces histoires merveilleuses que tous les peuples ont coutume de chanter dans leur première jeunesse.[1] »

Ces idées présentées à l'Académie des inscriptions et belles-lettres, avec tous les avantages qu'une profonde érudition et une ingénieuse sagacité pouvaient leur donner, firent grand bruit dans le monde des lettres. M. Larcher, un bon vieillard, en éprouva un

---

(1) *Histoire des poésies homériques*, p. 156.

vif ressentiment et laissa déborder toute son indignation ; il ne comprenait pas qu'un savant si distingué quittât les grandes routes et suivît les opinions singulières et bizarres de ces mêmes littérateurs qui n'ont pas d'autres ressources pour se faire connaître. La réponse avait quelque amertume et M. de Fortia se hâta d'en adoucir la violence : « On pardonnera, dit-il, cette expression un peu dure au doyen des académiciens ; elle n'est nullement applicable au moderne traducteur d'Homère qui certainement est un des littérateurs les plus estimables.[1] » M. de Fortia d'Urban était d'une modération et d'une courtoisie trop connues pour entreprendre une guerre d'invectives ; ce système, d'ailleurs, n'est pas celui de la raison, ni de la vérité. Aussi, tout en rendant hommage au talent et à la science de son adversaire, réfuta-t-il ses idées d'une façon péremptoire ; tout ce qu'on peut regretter, c'est qu'il ait cru à propos de faire usage d'une prétendue vie d'Homère par Hérodote, production apocryphe, trop peu digne de confiance. En terminant son travail, il engageait, avec le sage Rollin, les jeunes gens à bien étudier Homère : « son histoire, ajoutait-il, et celle de ses ouvrages sont, en quelque sorte, celle de l'esprit humain. M. Dugas-Montbel, dans son élégante traduction, placée à côté du texte, donnera les moyens de bien connaître l'ouvrage. C'est à son école que l'on apprend à vénérer le poète auquel il a consacré une partie de sa vie. C'est peut-être parce qu'Homère lui a paru trop grand qu'il s'est cru obligé d'y distinguer plusieurs hommes. Mais lui-même reconnaîtra facilement que ce brillant paradoxe qui a séduit son imagination ne méritait pas d'être développé par une plume aussi habile et un savant aussi distingué.[2] »

Dugas-Montbel ne se rétracta pas ; ses opinions, qui n'étaient certes pas neuves, trouvèrent des partisans et, de nos jours, il reste encore des doutes dans l'air à propos de la personne d'Homère et du caractère des poésies homériques. « N'a-t-on pas entendu,

----

(1) Op. cit. p. 179.

(2) Ibid., p. 242.

s'écrie Pierron,[1] le célèbre érudit Fauriel, en pleine Sorbonne, enseigner et même exagérer le Wolfianisme ? Ne lisons-nous pas tous les jours dans des revues littéraires, dans des dissertations savantes, qu'il n'y a plus guère que les pauvres d'esprit qui se figurent qu'un certain poète, nommé Homère, ait conçu et exécuté l'*Iliade ?* » Après avoir accumulé preuves sur preuves, après avoir publié des centaines de volumes sur la question homérique, on a si bien fait qu'il est indispensable encore aujourd'hui de discuter ce qui, dans le grand siècle, était l'évidence même, ce qui servait à démontrer l'existence de Dieu[2]. Que l'accord se fasse, que, de toutes les discussions soulevées sur ce point, jaillissent des preuves indubitables! Je le souhaite, sans oser l'espérer !

---

(1) *Hist. de la litt. grecque*, p. 45. — Aujourd'hui, dans le monde savant et sérieux, la littérature grecque de Pierron ne jouit plus d'une ombre de crédit. On peut consulter avec fruit : la littérature grecque de Nageotte; celle d'Otfried Müller; les travaux de M. Jules Girard, et surtout l'histoire de la littérature grecque de MM. Alfred et Maurice Croiset. On pourra se convaincre, d'après l'examen de ces différents ouvrages, que de nos jours, l'opinion la plus accréditée sur les œuvres d'Homère, est celle de Wolf, soutenue par Dugas-Montbel, et si fort combattue par Pierron. — Quant aux traductions d'Homère, la meilleure est, sans contredit, celle de M. Leconte de Lisle; M. Pessonneaux en avait, auparavant, donné une, et qui ne manquait pas d'une certaine valeur. Elles se font remarquer par une exactitude, pour ainsi dire, servile; l'élégance n'y est que secondaire. Chez Dugas-Montbel, au contraire, bien qu'on ne remarque aucun contre-sens, la tournure et la combinaison de la phrase sont des qualités qu'on lui reproche un peu aujourd'hui.

Dès 1830, une petite brochure publiée sous le nom de : *Biographie contemporaine des gens de lettres de Lyon,* œuvre satirique, prétendait que les « pauvres d'esprit et de mauvais plaisants » pouvaient seuls trouver la traduction de Dugas-Montbel supérieure à celle de Lebrun. Je ne cite ce jugement qu'à titre de curiosité.

(2) *Démonstration de l'existence de Dieu,* par Fénelon, (éd. 1713, p. 9). On ne peut pas plus, selon lui, nier l'existence de Dieu qu'il n'est permis de douter de celle d'Homère. « Qu'on raisonne, dit-il, et qu'on subtilise tant qu'on voudra, jamais on ne persuadera à un homme sensé que l'*Iliade* n'ait point d'autre auteur que le hasard. »

52

L'Histoire des poésies homériques, la traduction de l'*Iliade* et de l'*Odyssée*, et les *Observations* qui accompagnent cette traduction, telles sont donc les œuvres principales qui assurent à notre savant compatriote un des premiers rangs parmi les hellénistes de notre pays. Toutefois, pendant qu'il menait à bonne fin ces travaux importants, il ne laissait pas de s'occuper, entre temps, de certaines questions de détail et de continuer à diverses *Revues* ses intéressants envois. Nous le voyons, en effet, tour à tour, publier des dissertations sur le *digamma*[1] et sur les *épithètes*[2] dans les poésies homériques ; présenter des observations pleines de sens sur les *Commentaires d'Eustathe*,[3] traduits par J. Andrès ; réfuter les assertions de M. de Rochefort,[4] qui prétendait prouver que le récit de la blessure d'Ulysse, au XIXᵉ chant de l'*Odyssée*, était un passage interpolé ; détruire l'hypothèse émise par Constantin-Koliadès[5] dans son *Ulysse-Homère ;* discuter enfin l'origine de la

---

(1) *Du digamma dans les poésies homériques* (*Bulletin des sciences historiques*, janvier 1825).

(2) *Des épithètes dans les poésies homériques* (*Bulletin des sciences historiques,* mars 1825).

(3) *Mémoire sur les commentaires d'Eustathe et sur les traductions qui en ont été faites, par Jean Andrès* (Mem. della reg. academia Ercolanense, t. I, p. 97, Naples 1822). Cf. *Bulletin universel des sciences et de l'industrie,* novembre 1825.

(4) *Examen de quelques observations publiées par M. de Rochefort pour prouver que le récit de la blessure d'Ulysse, au XIXᵉ chant de l'Odyssée, est un passage interpolé.* Paris, Le Normand, 1817. (Extrait des *Annales encyclopédiques,* 1817). M. de Rochefort avait supprimé les soixante-cinq vers qui contiennent les détails du récit de la blessure d'Ulysse : il ne trouvait dans cet épisode aucune convenance de temps, nulle adresse dans la transition ; il y découvrait beaucoup de défauts de détails, et citait un passage d'Aristote par lequel cet auteur aurait dit qu'Homère n'avait jamais parlé de la blessure d'Ulysse ; puis il terminait par quelques observations qui, selon lui, suffisaient à démontrer l'interpolation. Le mémoire de Dugas-Montbel, en réfutation de ces idées, a 49 pp. in-8º.

(5) *Ulysse-Homère ou le véritable auteur de l'Iliade et de l'Odyssée,* par Constantin-Koliadès, (aliàs Lechevalier) professeur de l'Université

langue grecque[1] et enseigner, au surplus, la manière dont on
la doit prononcer.[2] D'autres fois, appelé à porter un jugement
sur diverses traductions de MM. de Sugny,[3] A. Péricaud[4] et
Poupar,[5] il s'acquitte consciencieusement de sa tâche, sans
jamais faire paraître la moindre trace de jalousie ou de parti pris.
Je ne citerai, en dernier lieu, que pour mémoire, diverses notices
qu'il publia sur la vie ou les ouvrages de Fontenille,[6] Lemontey,

ionienne, Paris, Debure, 1829. — Le but de cet ouvrage est, comme on
le voit, de prouver que le poète connu sous le nom d'Homère n'est autre
qu'Ulysse, et que c'est à ce dernier que nous devons l'*Iliade* et l'*Odyssée*.
Jacob Bryant, dans son ouvrage sur la guerre de Troie (*A dissertation,*
concerning the war of Troy,... London, 1799) avait déjà développé cette
opinion ; il pensait que l'histoire d'Ulysse nous retraçait les aventures
d'Homère, que tous les chagrins, toutes les émotions existaient dans le
cœur du poète ; « the vhole is described in so particular and so affecting
a manner, that, as I have said before, I am led to think that, in the
history of *Ulysses, we may trace the life and aventures of Homer,*» p. 96.
Cf. supplément à l'ouvrage intitulé : *Ulysse-Homère,* Paris, Crapelet.

(1) *De l'époque où l'écriture fut introduite dans la Grèce (France littéraire),*
septembre 1832). Dugas-Montbel y prouve qu'Homère n'a pas pu connaître l'usage de l'écriture. Voy. plus haut, p. 47.

(2) *Manière dont on doit prononcer la langue grecque (France littéraire,*
t. 8, pp. 284-296).

(3) *Observations sur la traduction de Théocrite, de M. Servan de Sugny*
(*Bulletin universel des sciences,* mars 1829). — *Sur la traduction des noces
de Thétis et Pélée, de Catulle,* par le même (ibid., novembre 1829).

(4) *Sur le plaidoyer pour Servius Sulpicius contre L. Muréna,* composé
en latin par A. Paléarius et traduit pour la première fois en français par
A. Péricaud (*Bulletin des sciences historiques,* 1829, p. 306). — *Sur
l'Octavius de Minutius Felix,* nouv. trad. par le même (ibid., p. 23 et suiv.)

(5) Lettre sur *la traduction de l'art poétique d'Horace, par M. Poupar,*
(*Archives du Rhône,* t. 8, p. 413), dans laquelle Dugas-Montbel défend
M. Poupar contre l'accusation de plagiat qui était portée contre lui. On
prétendait, en effet, et cela sur quelques traits de ressemblance de sa
traduction avec celle du marquis de Sy, qu'il avait copié ce dernier.

(6) Notices sur Advenier-Fontenille, P. E. Lemontey, et Fr. Aug.
Wolf (Cf. Annales biogr. de Mahul, 1826, 1827, 1828).

Wolf, Pernette du Guillet,[1] Louise Labé,[2] Ch. Nodier,[3]... et un article très profond, intitulé : *De l'influence des lois sur les mœurs et des mœurs sur les lois,* dont j'aurai l'occasion de parler plus loin.[4]

Dugas-Montbel composa aussi un roman rédigé dans la forme épistolaire et avec le simple titre de *Correspondance de famille.* Il l'écrivit, apparemment, en 1824, au retour d'un voyage qu'il venait de faire en Italie, du mois d'octobre 1823 au mois de mai 1824. Or, ce roman semble avoir été, de sa part, l'objet d'une prédilection spéciale, car il le recopia et le corrigea plusieurs fois avec soin. « Ce n'est pas, observe Dumas, un de ces romans frivoles et dangereux où la langue et les mœurs sont outragées à l'envi, mais une composition consciencieuse, qui respire un intérêt doux, une morale pure, des sentiments nobles et généreux. » Une jeune fille, Amélie de Saint-Clair, belle, sensible, spirituelle, raisonnable, sans exclure une certaine dose de mélancolie, promet, un peu à la légère, d'épouser un certain M. Delmont, dont elle reconnait les qualités, mais pour lequel elle n'éprouve aucun entraînement, aucune affection extraordinaire.

------

(1) *Bulletin des sciences historiques,* 1831.

(2) Sur les *Evvres de Lovize Labé,* article extrait de la *Semaine,* gazette littéraire, par un Comité secret de rédaction. (5e livr., tom. 1. 1824).

(3) Observations sur l'ouvrage ayant pour titre : *Examen critique des dictionnaires de la langue française, par Ch. Nodier.* — Paris, 1828, in-8º.

(4) Dugas-Montbel a laissé, en outre, un recueil de pensées, bons mots, etc... sous le titre d'*Ana* ; ce recueil n'a pas été imprimé et l'on ignore où se trouve le manuscrit. — On connait aussi de lui divers opuscules qu'il est bon de noter ici : *Lettre sur une inscription antique trouvée à Saint-Irénée,* (Voy. *Lettres lyonnaises* de M. Breghot insérées dans les *Arch. du Rhône*) ; *Sur les mélanges biographiques et littéraires pour servir à l'histoire de Lyon,* par M. Breghot (*Bulletin des sciences historiques,* 1829); *Discours* prononcé sur la tombe de M. Boscary de Villeplaine (Paris, Didot, 1827, in-4º). Il a fourni au *Temps* des articles sur l'*Aristophane* d'Artaud ; sur la *Beauté morale de la poésie d'Homère,* par Van Limburg Brower ; sur *Syntipas,* histoire persane, publiée par Boissonnade ; sur l'*Iliade* de Bignan ; sur les expressions de *conséquent* pour *considérable, fixer* pour *regarder,* etc...

Poussée par les exhortations de sa mère, et aussi par un noble sentiment de filialité, elle lui jure fidélité. Assurément, elle se garderait bien de faire part à cette bonne mère de ses sentiments peu enthousiastes pour M. Delmont ; ce serait l'attrister profondément ; mais, par bonheur, elle possède une sœur qui comprend ses ennuis. Ajoutez à cela que cet infortuné M. Delmont attend, de jour en jour, l'héritage, — j'allais dire la mort — d'un oncle dont l'avarice ne le cède en rien à la richesse. Le vieux bonhomme, à force de supplications, consent, pour doter son neveu, à le charger d'une liquidation d'affaires en Suisse, dont il met le bénéfice à son profit. Delmont part, avec la promesse d'un mariage prochain. Mais il a compté sans le cousin d'Amélie, Léon de Volnel, qui ne tarde pas à le remplacer dans le cœur de cette jeune fille. Sans doute, elle préférerait bien épouser Léon qui l'adore, d'autant plus que Delmont, dont les nouvelles deviennent rares, est loin de la séduire, si ce n'était son irrévocable serment. Enfin, le malheureux Léon se retire et, pour se soustraire aux angoisses de la douleur, part visiter l'Italie. Pendant son absence, Delmont, moins scrupuleux que sa fiancée, écrit, un certain jour, qu'ayant fait meilleure rencontre, il ne faut plus compter sur son mariage avec Mlle de Saint-Clair. Vous imaginez quel coup cette nouvelle donne à la chétive Amélie ! Dès lors, elle est en proie à une fièvre secrète qui la mine de jour en jour ; elle dépérit à vue d'œil ; ses parents lui prodiguent des distractions de toutes sortes, son cousin s'évertue à la consoler par l'espoir d'une union prochaine ; rien n'y fait. Malgré les soins dévoués de son excellente mère et les encouragements de sa sœur, Amélie voit s'évanouir peu à peu les rêves brillants de ses amours et se prépare à paraître devant Dieu. Elle ne le dit pas, mais elle sent les atteintes encore lointaines de la mort. Toutefois, avant de mourir, elle veut rendre heureux Léon de Volnel, en lui donnant le gage de sa foi. La cérémonie nuptiale est décidée ; le curé du village consent à la célébrer dans la chambre de la malade. Le jour venu, la pauvre fille est tellement faible qu'elle peut à peine prononcer les paroles d'usage ; elle adresse, en cet instant solennel, un dernier adieu à ceux qui lui sont chers, puis elle assure de son estime ce noble Léon pour lequel elle brûlait d'une si vive affection. A peine a-t-elle achevé, que l'agonie se déclare ; elle rend enfin le dernier soupir au milieu de sa famille éplorée.

Tel est le sujet de ce roman ; il est conduit d'une manière simple, mais un peu longue. Outre que la forme épistolaire contribue peut-être à la lenteur du récit, le style est, de son côté, parfois langoureux et traînant. Assurément, si cette œuvre n'ajoute rien à la gloire de Dugas-Montbel, elle prouve du moins qu'il n'avait pas, comme on le suppose souvent aux traducteurs et aux commentateurs, une âme aride et sèche, mais qu'il possédait aussi des facultés créatrices, une imagination douce, une sensibilité vraie, un esprit observateur et la connaissance du cœur humain. Or, il y a, dans cette composition, quelque chose de plus appréciable peut-être que le roman lui-même : je veux parler des aperçus pleins d'intérêt que l'auteur a jetés çà et là sur les principaux littérateurs et sur toute la société du XVIIIe siècle. Je prends au hasard un passage relatif à J.-J. Rousseau et qui me semble refléter parfaitement le caractère du célèbre philosophe. Un jeune anglais, versé dans les lettres françaises, Edouard de Selmour, fait, dans une lettre à Léon de Volnel, son ami, le récit d'une entrevue qu'une heureuse circonstance lui a permis d'avoir avec le fameux Jean-Jacques : « Un de mes compatriotes, dit-il, m'avait chargé de remettre à Rousseau un petit nécessaire que celui-ci laissa jadis à Woton, quand il quitta brusquement cette résidence, par suite de son caractère ombrageux et méfiant.... Eh ! bien, mon ami, cet homme si bizarre, si malheureux et si célèbre, loge à Paris, au quatrième étage, dans la rue Plâtrière, vis à vis le Grand hôtel de la Poste. Quand j'entrai chez lui, je tenais à la main l'objet que je lui rapportais et de manière à ce que ce fût la première chose qui frappât sa vue ; il s'occupait à copier de la musique sur une petite table noire, tout près de la fenêtre. C'était sa femme qui m'avait ouvert la porte et qui m'avait introduit ; comme il ne se détournait pas de son occupation, Madame Rousseau lui dit : « Mon ami, c'est un Monsieur qui vient...... » A ces mots, il lève la tête, vient à moi, sans même me regarder, prend le nécessaire qu'il avait reconnu tout de suite et le baise avec transport. Tous ses traits rayonnaient de la joie la plus vive ; mais ensuite, reportant la vue sur moi, l'expression de sa physionomie changea tout à coup. Les plis de son front se prononcèrent avec force ; ses yeux creux et perçants se fixèrent sur les miens, comme pour chercher jusque dans le fond de mon âme, si quelque motif caché ne m'avait pas conduit près de lui ; puis, après un moment de silence, produit de mon côté par l'embarras où m'avait jeté ce regard scrutateur : « —Eh bien ! s'écria-t-il, votre curiosité doit être satisfaite. » — Je ne peux pas vous dire combien ces paroles, qu'il m'adressa d'un ton brusque et dur, redoublèrent le trouble que j'éprouvais. Je ne sais trop ce que je répondis ; seulement, je me rappelle en substance que je lui témoignai qu'en effet j'attachais un grand prix à le voir, mais par un sentiment plus honorable que celui de la curiosité ; que pourtant je ne me serais jamais présenté chez lui sans une circonstance qui m'en avait fait l'obligation. Alors, je lui racontai comment j'avais été chargé de ne remettre qu'à lui seul un objet qu'il paraissait vivement désirer. En ce moment, il reporta les yeux sur le nécessaire qu'il tenait serré contre sa poitrine ; il reprit un peu de calme et parut se tranquilliser tout-à-fait quand il sut que j'étais Ecossais et que je n'habitais Paris que depuis quelques mois. Il me fit beaucoup de questions sur les habitants de nos montagnes, et les détails que je lui donnai l'intéressèrent beaucoup : — « C'était là, disait-il, que j'aurais dû me retirer. » — Ce qui le charma fut d'entendre un de ces vieux airs sur lesquels nos montagnards chantent encore aujourd'hui les récits des anciens bardes. Il me pressa les mains ; des larmes roulaient dans ses yeux, il était profondément ému.

« Cependant l'heure de son dîner approchait ; sa femme avait mis le couvert ; je voulus me retirer. Le croiriez-vous ? il me retint et me pria de partager son frugal repas : — « Acceptez les dons de l'hospitalité, me dit-il, ne dédaignez pas de rompre le pain avec le vieux barde des bords du lac. Je n'ajouterai qu'un seul plat, car, à votre âge, on doit avoir bon appétit. » — Puis, se tournant vers sa femme : — « Thérèse, dit-il, priez la voisine qu'elle aille nous chercher une tourte chez le pâtissier. »

« Le repas fut très gai : — « Je vous fais faire mauvaise chère, me disait-il, mais du moins j'ai du vieux vin, et surtout naturel ; c'est là mon luxe. » — Après le dîner, nous sortîmes pour aller aux Champs-Elysées ; en traversant la place du Palais-Royal, je le priai d'accepter une tasse de café ; mais aussitôt, prenant un air sombre : — « Vous êtes mon hôte, me dit-il avec humeur, prétendez-vous donc me rappeler que j'ai pu commettre un oubli ? » Je ne cherchai pas même à m'excuser ; nous entrâmes au café de la Régence, il paya ; puis nous continuâmes notre promenade qui se prolongea jusqu'à la nuit.

« Durant presque tout le temps, la conversation roula sur ses ouvrages. Quand il me demanda si je les avais lus, je lui dis, et c'est vrai, que c'était à lui surtout, à son style enchanteur, si plein d'harmonie, de grâce, de force et d'originalité que je devais mon goût décidé pour la langue française. Je lui répétais d'enthousiasme des pages entières de l'*Héloïse,* d'*Emile,* de la *Lettre à d'Alembert,* et je voyais qu'il prenait plaisir à ces éloges ingénus et sincères. Il me laissait dire et souriait ; mais aussi parfois il s'écriait avec amertume : — « Hélas ! était-ce donc là ce qui devait m'attirer tant de persécutions ? ce qui devait être la source de mes malheurs ? »

« Bientôt des formes du style nous pénétrâmes dans le fond des pensées, et ce fut là que je fus assez téméraire pour n'être pas d'accord avec lui. Mais il ne fut point blessé de ma hardiesse ; tout au contraire, j'ai cru m'apercevoir qu'il l'encourageait par sa manière de discuter avec moi. Ce que je m'efforçais surtout de réfuter, ce sont ses idées sur l'état de nature ; je tâchais de lui prouver que l'homme était né social, qu'il ne pouvait pas vivre autrement, que c'était là sa vraie nature, que la société me semblait imposée à l'homme comme les ailes à l'oiseau, que c'était une condition de son existence. Dans notre discussion, je m'aperçus qu'une de mes observations l'avait blessé. Tout-à-coup, il reprit son air sombre et ne me répondit que quelques phrases assez dures, que j'eus l'air de prendre pour de bonnes raisons. Heureusement, nous approchions de chez lui ; quand il fut à la porte de sa maison, il s'arrêta comme pour me prévenir de ne pas monter ; je n'en avais pas envie, je le saluai et le remerciai du plaisir qu'il m'avait procuré. J'entendis à peine les mots qu'il répondit à demi-voix et je m'éloignai sans qu'il m'engageât à revenir. Aussi, m'en tiendrai-je là, je vous assure ; insister davantage serait infailliblement vouloir rompre avec lui ; mieux vaut en rester où nous en sommes.

« Cet homme a, dans cette ville-ci, des admirateurs passionnés et des ennemis très violents ; les uns et les autres me paraissent fort exagérés dans leur opinion. Je le crois fort personnel, mais sans calcul ; il ne s'en doute même pas ; au contraire, comme sa riche imagination lui peint tout avec charme : la vertu, l'humanité, la bienfaisance, il s'enthousiasme pour elles de la meilleure foi du monde, et prend cet enthousiasme pour un amour réel auquel il est prêt à tout sacrifier ; puis, il s'indigne qu'on ne reconnaisse pas en lui ce qu'il éprouve si vivement.... Aussi, les personnes qui ne connaissent M. Rousseau que par ses écrits s'étonnent qu'on puisse ne pas aimer l'écrivain, et quand ils le voient, l'homme dont ils espéraient être reçus à bras ouverts ne les accueille qu'avec humeur.... »

Dans un autre passage où il s'agit de Voltaire, Dugas-Montbel, par la bouche du même héros, parle toujours avec modération du patriarche de Ferney ; mais, s'il se plaît à reconnaître les nombreuses qualités de son esprit, il ne lui épargne pas non plus les reproches que lui méritent ses défauts.

Tous ces détails, toutes ces appréciations reproduisent, à mon sens, les idées personnelles de l'auteur, de même que le roman lui-même, loin d'être imaginaire, a peut-être sa base dans la réalité. Et ce qui semblerait plaider en faveur de cette hypothèse, c'est que Dugas-Montbel a précisément glissé dans son œuvre, et cela sans doute avec intention, les principaux traits de son voyage en Italie, en les ornant de tous les agréments que peuvent produire une imagination vive et un style enchanteur. Nous possédons, en

60

outre, un manuscrit assez considérable dans léquel il relate, jour
par jour, ce que l'on pourrait appeler ses impressions de voyage,
en nous donnant des détails fort intéressants sur les circonstances
de son séjour en Italie.

Le parcours effectué par notre compatriote forme, selon l'expression reçue de nos jours, un *circulaire* qui, partant de Lyon,
passerait par Genève, Turin, Milan, Venise, Florence, Rome,
Naples, Pise, Gênes, Nice et Marseille pour revenir au point de
départ. Ce ne sont là, on le conçoit, que les stations principales
à signaler, car il va sans dire qu'il s'arrêta dans tous les lieux
capables d'offrir quelque intérêt et quelque charme inconnus. Or,
si l'Italie, avec son ciel bleu et ses aspects enchanteurs, suffit déjà
à la curiosité des simples *gentlemen,* combien ces avantages ne doivent-ils point s'augmenter pour l'homme qui, sensible aux beautés
de la nature, peut évoquer à son souvenir l'image du passé ;
pour le savant, aux yeux duquel toutes les pierres, toutes les
ruines, tous les monuments semblent reprendre de la vie. Pour
celui-là, l'Italie n'est plus seulement le pays du repos, mais le
pays des souvenirs ; Rome n'est plus la capitale désolée d'un
royaume jadis si puissant ; c'est le centre du monde, c'est la ville
des Romulus, le séjour des Jules César, des Néron, des Trajan,
c'est la cité des poètes, des orateurs, des historiens, c'est le théâtre
de toutes les grandeurs, mais aussi la scène des crimes et des
forfaits ! Mantoue devient la patrie de Virgile ; Florence, la cité
des Médicis ; Tusculum, l'antique résidence de Cicéron ; le lac de
Pérouse se transforme en lac de Trasimène, et la vue des tombeaux
d'Albano retrace à son imagination la lutte héroïque des Horaces
et des Curiaces ! Nulle part, ni la nature, ni les lieux ne peuvent
faire naître les idées qui vous arrivent en foule en parcourant des
contrées autrefois si célèbres, aujourd'hui si déchues, et cependant susceptibles encore de toute leur ancienne splendeur ! Voilà
dans quelles dispositions se trouvait Dugas-Montbel lorsqu'il
entreprit son voyage ; aussi son esprit délicat, soutenu par le
fruit d'études intelligentes, ne laissa-t-il échapper aucun détail,
aucun sujet quelque peu digne d'intérêt.

A Arona, l'aspect du lac Majeur le saisit d'admiration : « Rien n'est ravissant, dit-il, comme une soirée d'automne sur ce lac et par un beau clair de lune ; on entend de tous les villages répandus alentour le son des cloches qui donne une expression fort mélancolique aux scènes magnifiques dont on est témoin. » A Milan, outre que les richesses du musée et de la bibliothèque captivent son attention, il tient à se rendre compte d'un écho assez singulier, lequel répète cinquante fois la voix humaine et quatre-vingts fois un coup de pistolet ; il est produit, selon lui, par l'aile d'un vieux château inhabité.

Après avoir traversé Bergame, Vérone, Padoue, il arrive à Venise, cette ville singulière construite au milieu des flots. Nulle part, il n'a garde d'oublier une bibliothèque, et surtout là celle de Saint-Marc qui renferme le fameux manuscrit de l'*Iliade* publié par Villoison ; il l'examine et note, en passant, un vers que ce savant a par mégarde inséré dans le texte, tandis qu'il est en marge dans le manuscrit.

De Venise à Florence, la route présente l'aspect de véritables allées de jardins ; il salue, sur son chemin, Padoue, Mantoue, Modène, rencontre à Bologne le brave abbé Garnier, comme il l'appelle, avec qui « il cause de Saint-Chamond et des personnes de son enfance » ; enfin, il s'arrête à Florence. Cette ville paraît être privilégiée pour les lettres, les arts et les sciences ; elle possède notamment un riche cabinet d'histoire naturelle, de minéralogie, etc,… et précisément l'examen des raretés scientifiques qu'il renferme le force d'avouer naïvement son ignorance ; il ne les voit « qu'avec les yeux du corps, sans que cela se lie à rien dans son esprit. » Mais, en compensation, combien son plaisir est plus vif lorsqu'il parcourt la galerie célèbre où l'on a réuni tout ce que la peinture et la sculpture ont produit de plus admirable dans le monde ! Ce qu'il n'oublierait pas, par exemple, pour tout au monde, avant de quitter Florence, c'est d'aller voir le manuscrit de Longus taché par P. L. Courier. On connaît assez la fameuse tempête que souleva la trop célèbre bévue de Paul-Louis à la bibliothèque Laurentiana ; les Italiens, dans leur fureur, avaient poussé l'audace jusqu'à accuser la France d'être l'auteur secret de la tache d'encre. Or, devant un pareil sacrilège, Dugas-Montbel, admirateur zélé de la langue de Longus,[1] devait naturellement faire cause commune avec nos voisins contre le pauvre Louis Courier : « Il est bien extraordinaire, rapporte-t-il, qu'un papier tout couvert d'encre ait été mis dans le livre seulement pour marque, car la tache était en-dessus lorsque ce papier a été placé dans le manuscrit, puisque la tache est sur le verso du feuillet; et un placard d'encre de cette largeur ne peut pas ne pas s'apercevoir. Certainement, il n'est pas prouvé rigoureusement que cela ait été fait exprès, mais il y a de rudes probabilités contre Courier. On conserve avec soin et le papier taché et la note de Courier qui déclare avoir commis le délit littéraire, mais par mégarde. Il ne s'accuse que d'étourderie, ce qui déjà me parait impardonnable, quand il est question d'une rareté unique. » Aussi notre helléniste prend-il avec soin un fac-simile de la tache ; il l'accompagne de la copie d'un article de M. Furia, et garde ces documents précieux comme un souvenir ineffaçable de la ville des Médicis.

Il quitte Florence avec un vif regret, pour pénétrer dans la

---

(1) Cf. *Œuvres de P. L. Courier*, éd. 1857. Paris, Didot. — En 1809, Paul Louis Courier, venant de Suisse, se rendit à Florence. Il passait toutes ses journées à la Bibliothèque Laurentiana, autrement dite San-Lorenzo. Le 10 novembre, six jours après son arrivée à Florence, il découvrit dans un manuscrit de Longus, une dizaine de pages de *Daphnis et Chloé*. En les copiant, il couvrit d'encre une vingtaine de mots du précieux texte. M. Furia, bibliothécaire, irrité plutôt d'avoir ignoré le trésor qu'il possédait que de la bévue de Paul Louis, exigea d'abord une déclaration de ce dernier, ainsi conçue : « Ce morceau de papier posé par mégarde dans le manuscrit, pour servir de marque, s'est trouvé taché d'encre; la faute en est à moi qui ai fait cette étourderie; en foi de quoi, j'ai signé.» M. Furia écrivit article sur article et anima le peuple italien contre Courier, si bien que Paul Louis, pour ainsi dire, prisonnier à Florence, avait acquis le surnom de *voleur de grec*. « Sans ce fragment disait-il,

..... Fatal au repos de ma vie,
Mes jours dans le loisir couleraient sans envi.

Enfin, Napoléon ordonna de laisser l'auteur tranquille.

FAC-SIMILE DE LA TACHE D'ENCRE

faite par P. L. Courier au manuscrit de LONGUS

région fertile d'Arezzo, de Monte-Vacchi et de Camuccia ; bientôt il retrouve sur les bords du lac Trasimène les souvenirs d'Annibal. Mais, à mesure qu'il approche de Rome, la contrée devient inculte à quinze lieues à la ronde, et la nature semble triste et aride : « On a eu raison, dit-il, d'appeler ces environs les campagnes maudites : pas un arbre, pas une habitation, pas un seul troupeau. Rien n'annonce, non pas une grande ville, mais même les traces de la civilisation. Et c'est après avoir parcouru, avec un secret serrement de cœur, ces landes stériles, que l'on parvient sur la voie Flaminienne qui mène à Rome. » Rome n'offre aucun trait de ressemblance avec les autres villes européennes ; vous n'y trouvez ni l'agitation d'une capitale, ni les édifices ordinaires que l'on voit dans une cité opulente. Les rues sont bordées de monuments antiques, pour la plupart effrités par le temps ; il y règne un calme pour ainsi dire religieux.

Ce serait une grave erreur de croire que l'on peut se procurer à Rome toutes les réjouissances désirables ; l'homme d'étude seul y goûte des satisfactions bien vives, en s'instruisant chaque jour, sans crainte d'épuiser jamais ce vaste musée de la civilisation antique. Tout y est si beau qu'on ne peut se lasser d'admirer ; les heures, les jours, les mois s'écoulent rapidement, et quand, après avoir visité les monuments étonnants dont on est entouré, on essaye de fixer dans sa mémoire le détail des richesses qu'ils renferment, alors on ne retrouve plus que les souvenirs confus de mille et mille beautés insaisissables que l'on souhaite de revoir. C'est ainsi que Dugas-Montbel, après un séjour de deux mois dans cette cité, y revient quelques semaines plus tard pour contempler encore les monuments qui l'ont frappé d'une façon plus spéciale.

Quoi de plus imposant, par exemple, et de plus magnifique que l'église Saint-Pierre ? Elle est immense, et cependant elle semble d'une grandeur ordinaire : « Il faut, dit-il, être près de ces colonnes pour se faire une idée de l'étendue de ce vaisseau ; on conclut l'immensité plus qu'on ne la sent. » A la vue du Panthéon, son extase est bien plus vive encore : « Quelles admirables lignes d'architecture ! que ces colonnes sont belles et majestueuses ! que tout cet ensemble est parfait ! quelle pureté de goût dans une ordonnance aussi simple ! Le Panthéon, à l'intérieur comme à l'extérieur, est un modèle de conservation ; rien n'y sent la dégradation. » Mais, s'il est un monument capable de produire l'impression la plus sensible que l'on puisse éprouver, c'est, à coup sûr, le Colysée : l'extérieur en est vaste et conçu dans de belles proportions, imposant sans que l'effort se montre et sans nuire à la grâce. « Mais, observe Dugas-Montbel, lorsque je suis entré à l'intérieur, que je me suis assis sur un fût de colonne renversée, et que, la tête remplie de souvenirs anciens, j'ai considéré cette masse énorme de ruines couvertes de mousse, ces murailles demi-brisées où croissent des plantes de toute espèce, que je voyais ces arceaux suspendus où passe le jour d'une manière si pittoresque ; et, lorsque ensuite se retraçaient dans ma mémoire et les fêtes, et les triomphes, et le peuple-roi, et les gladiateurs, et les combats et les martyrs, et que je me disais ; « c'était là, c'est dans cette enceinte, ce sont les mêmes pierres », alors mon imagination éprouvait une des impressions les plus vives qu'elle ressentit jamais. » Désormais, son admiration est tout entière pour le Colysée : ni le Vatican, avec ses richesses sans égales, ni la villa Albani, ni le palais Borghèse, ni le palais Doria, où l'on est accablé sous le poids des beautés de tout genre, ni le Capitole, ni la roche Tarpéienne, ni les Catacombes, rien n'est capable de la diminuer. C'est qu'on trouve dans le Colysée une source féconde de réflexions ! Les seules approches de ces lieux jettent l'âme dans une vague rêverie pleine de charmes ; tous ses aspects ont quelque chose de magique et il semble que ce soit là l'asile de la plus profonde mélancolie.

Aussi notre compatriote ne se lassait-il pas de parcourir cette partie de Rome où s'élèvent encore les restes mutilés de tant d'anciens monuments ! Il éprouvait un plaisir toujours nouveau à errer parmi ces ruines, admirant d'un côté les étonnantes colonnes du temple de la Concorde et du temple de Jupiter tonnant, considérant de l'autre le Forum, autrefois le théâtre de tant de passions turbulentes, et sur lequel, au lieu d'un peuple agité, erraient des paysans avec leurs bœufs : « On y voyait encore, observe-t-il, des femmes qui étendaient du linge, des enfants qui jouaient sans se douter de rien, des moines qui se promenaient aux mêmes lieux où les licteurs portaient les faisceaux. Sur la place du Forum, j'aimais à contempler ces groupes de paysans, les uns couchés et jouant aux cartes, les autres debout et regardant, tous dans des attitudes pleines d'originalité ; je considérais leurs costumes, ces vestes brunes couvertes de broderies vertes tout usées, leurs chapeaux pointus, leurs bonnets rouge et blanc qui retombent sur le cou, et leurs méchants manteaux dont ils se drapent si naturellement. Comme leurs poses sont justes et faites pour le peintre ! Ces hommes-là sont aussi des ruines vivantes, car on retrouve en eux quelques vestiges des anciennes traditions. C'est dans les gens de la campagne ou parmi les hommes de la populace qu'il faut les chercher ; elles sont effacées dans l'intérieur de la ville moderne. Le bourgeois est le même partout, et j'aime autant voir un marchand de la rue Saint-Denis qu'un marchand *della via del Corso.* »

Mais si Rome offrait à sa curiosité mille sujets d'étonnement et d'admiration, la société des savants et des littérateurs qu'il y trouva ne le captivait pas moins. En effet, nous le voyons constamment entouré de Bignan, Ballanche, Delécluze, le fils Ampère, Guérin, etc.... à qui il communique ses diverses impressions ; il fait aussi de fréquentes visites à M. de Givré, ambassadeur, à M. Artaud, au duc de Laval ; il va voir les peintres les plus célèbres, les érudits les plus renommés, et partout il reçoit un accueil plein de cordialité. J'allais oublier la duchesse de Devonshire,[1] « cette grande dame, qui était très bonne et avait beaucoup d'esprit ; » c'eût été presque un sacrilège, car elle ne manquait jamais d'inviter

---

(1) Née en 1759, morte à Rome en 1824. Veuve de M. Forster, elle épousa William, duc de Devonshire, qui la laissa veuve pour la seconde fois, en 1811. Quatre ans plus tard, elle quitta l'Angleterre pour aller se fixer à Rome où elle vécut au milieu des hommes les plus célèbres. Elle édita le *Passage du Saint-Gothard* que son amie, Georgina Spencer, avait composé et que l'abbé Delille traduisit. Elle en fit hommage à

le *bonhomme* à toutes ses soirées ; il est vrai qu'en retour il s'y rendait ponctuellement avec ses amis. Il y avait ordinairement chez elle une foule immense ; on pouvait à peine s'y tourner ; on causait avec les personnes de connaissance, on feuilletait des gravures et des livres, on distribuait des rafraîchissements en abondance, et voilà tout. Quelquefois aussi, il était retenu chez un richissime banquier, M. de Torlonia, qui de la plus basse classe s'était élevé à un très haut rang parmi les seigneurs de Rome : « Il avait pris, rapporte Dugas-Montbel, le titre de duc de Bracciano, et sa femme était *Madama la Duchezza*, gros comme le bras. » Il n'était pas jusqu'à M. de Givré qui recherchât la société du spirituel helléniste ; et, pendant la maladie de celui-ci, il ne se faisait point scrupule d'aller lui-même prendre de ses nouvelles ; puis, dès qu'il avait le bonheur de le posséder, Madame Récamier, toujours présente, était séduite par le charme de sa conversation. Le célèbre Angelo Mai le pressait aussi de venir le voir à la bibliothèque du Vatican : là, ils causaient longuement d'Homère ; ils examinaient ensemble plusieurs manuscrits, notamment le manuscrit palimpseste de la *République* de Cicéron, et après plusieurs heures d'une conversation, sans doute très savante, les deux hellénistes se séparaient avec promesse de se revoir.

Vers la fin de janvier 1824, Dugas-Montbel part, avec Ballanche, à Naples ; ils y restent dix jours. Là, comme à Rome, ce sont encore des réceptions, tantôt chez M. Hamilton, l'ambassadeur anglais, tantôt chez M. de Serre, l'ambassadeur français, ou bien chez le chanoine Jario, directeur du Musée, qui leur montre les

Dugas-Montbel, pendant son séjour à Rome, et la Bibliothèque de Saint-Chamond conserve la note suivante qui accompagnait cet envoi : « *A Monsieur Dugas-Montbel, via Frontera nº 7.* Je vous envois, Monsieur, le poème que le nom de l'abbé Delille vous rendra précieux et qui, j'espère, me conservera une place dans votre souvenir. Veuillez bien mener avec vous Monsr A. Bignan, vendredi soir et vendredi 19, de même. Agréez l'assurance de ma parfaite considération, EL^h D^sse DE DEVONSHIRE, *née Hervey*. »

travaux intéressants opérés sur les manuscrits incendiés d'Herculanum. De là, ils se rendent à Pompéïa et parcourent, pendant trois heures, cette ville bâtie depuis plus de deux mille ans. Je laisse à juger quelle satisfaction notre helléniste retira de cette visite qui avait été le *rêve de toute sa vie*. « On voit encore dans les rues, rapporte-t-il, la trace que les roues ont laissée sur le pavé ; on marche sur les trottoirs destinés aux gens à pied. Rien n'est plus curieux que de voir l'intérieur de ces anciennes habitations : les petits salons de repos qui sont placés autour d'une petite cour découverte où se trouvait ordinairement un bassin d'eau vive ; les chambres à coucher qu'on reconnaît à une figure de Vénus peinte à fresque et à la niche où étaient les dieux pénates. J'ai eu une idée fort juste de ce que l'on appelait le *triclinium* et pourquoi cette salle à manger se nommait ainsi. Le triclinium est très bien conservé dans la maison de Salluste, ainsi que la salle des bains, la cuisine, etc.... J'ai visité l'intérieur des temples ; j'ai vu l'autel des sacrifices, l'endroit où se trouvait l'eau lustrale, l'autel supérieur où était l'image de la divinité..... Je suis entré dans le lavoir public ; j'ai vu dans la rue les boutiques des marchands, dont quelques-unes ont encore leurs enseignes. Dans un endroit où l'on buvait les liqueurs, on voit encore la tablette de marbre tachée par l'empreinte des coupes. Nous avons parcouru une vaste cave qui renferme des amphores telles qu'elles étaient placées dans le temps. A l'entrée de cette cave, on a trouvé un squelette de femme, avec toutes ses parures, ses boucles d'oreilles, son collier, ses bracelets. La malheureuse s'était réfugiée là, espérant y trouver un abri contre la pluie de cendres brûlantes qui a englouti toute la ville. Nous avons vu un cirque moins grand que le Colysée, mais dont les parties intactes sont conservées, comme si le monument était d'hier.... Pompéïa ne frappe pas comme ruines ; il n'y a rien de pittoresque ; ce n'est que par réflexion qu'on se reporte à deux mille ans. Il en résulte un secret sentiment de tristesse, car on dirait que le malheur est récent, on n'y voit pas l'empreinte du temps. C'est l'aspect d'une ville abandonnée après un horrible incendie, quoique cependant on n'y découvre aucun vestige de flammes. Pompéïa est instructif ; c'est le monument le plus curieux et le plus singulier qui soit au monde ; mais il ne frappe pas comme le Colysée : là, point de ces ruines faites par la succession des âges, de ces pans de murs couverts d'une active végétation, de ces arcs demi-brisés où se joue la lumière, et de ces aspects qui jettent l'âme dans une profonde rêverie ! »

De retour à Naples, les deux savants n'ont garde d'oublier le pieux monument où reposent les cendres de Virgile, « de ce poète qui est l'étude de notre enfance et que nous apprenons avant de connaître ceux de notre nation. » Après quelques excursions à Sorente, au Vésuve, à Caprée, au couvent des Calmadules, ils reprennent le chemin de Rome, et, pour se dédommager des ennuis d'une mauvaise diligence, ils se communiquent, durant le trajet, leurs différentes impressions. Ballanche, lui, préfère Naples à Rome ; il trouve que sa position et les sites qui l'environnent sont plus poétiques : « A Naples, dit-il, c'est de la poésie ; à Rome, c'est de l'histoire. » — « C'est vrai, riposte aussitôt le *bonhomme* ; mais que cette histoire est touchante ! qu'elle est nourrie de souvenirs ! c'est l'histoire d'un peuple qui n'est plus, d'un peuple qui a pesé sur le monde pendant dix siècles et qui a rempli l'univers de son nom ; d'un peuple dont il ne reste que quelques débris luttant contre les âges, mais attestant encore son ancienne splendeur, son goût pour les arts et sa magnificence. Ensuite, il y a quelque chose de si calme et de si tranquille dans cette ville de Rome ! »

Or, ils y arrivaient en plein carnaval, et ce n'était certes pas pendant les huit jours de réjouissances données aux habitants que l'on pouvait vanter ce calme et cette tranquillité. Les rues et les places étaient même fort animées : pendant que les hauts personnages donnaient de grands bals masqués, le peuple se livrait à une guerre innocente, dite guerre des *bonbons*. A n'en pas douter, Dugas-Montbel trouva peu de récréation aux soirées des Torlonia et des Demidoff, car il nous rapporte qu'il se mêla, comme les autres, aux jeux de la population : « C'est assez réjouissant, dit-il ;

la guerre des bonbons donne un intérêt à la mascarade qui, par elle-même, est un sot amusement. Mais, au moyen de ces petites attaques, on parvient à rompre la monotonie des criailleries sous le masque. C'est à qui mieux mieux. Ce sont quelquefois des escarmouches très vives : on est assailli, on riposte avec vigueur, et jamais il n'y a la moindre apparence d'insultes ni de menaces. Parfois aussi, on lance légèrement et de manière à ce qu'il tombe une pluie de douceurs sur des têtes charmantes qui reçoivent l'agacerie d'usage de la meilleure grâce du monde. Tout ce dont je me plaignais, c'est de ne pas avoir assez souvent l'occasion de faire la guerre. » Il ne restait pas en retard non plus pour la *bataille des bougies*, et j'aime à le voir se glisser furtivement auprès d'une belle Italienne pour éteindre la lumière qu'elle s'évertue à conserver.

Une fois le carnaval terminé, son temps s'écoule à visiter encore les monuments de Rome, non plus pour les connaître, mais pour les revoir et pour en jouir. Les veillées, il les passe tantôt chez lui en compagnie de Ballanche, d'Ampère, de Delécluze, d'Edouard Jordan ; tantôt chez le duc de Laval, chez Mme Martinetti[1] ou chez la duchesse de Devonshire[2]; d'autres fois, il assiste aux offices de la chapelle Sixtine, ou bien il « bouquine » dans le magasin d'un libraire. Tout cela lui plaît et le réjouit ; tout cela lui laisse d'ineffaçables souvenirs et lui procure des satisfactions inexprimables. Aussi, le dernier jour avant son départ, gravit-il, avec Ballanche et M. Récamier, le Mont Sacré qui fut deux fois le refuge du peuple opprimé : c'est de là qu'il salue pour la dernière fois cette vaste solitude qui embrasse Rome de toutes parts ; c'est de là que, jetant un dernier regard sur ces belles ruines, source d'émotions si vives et si profondes, il leur adresse ces paroles sorties du cœur : « Adieu, adieu ! débris magnifiques des temps passés ;

---

(1) Femme célèbre de Rome, qui a écrit un roman français. Cf. E. J. Delécluze, *Soirée chez Madame Martinetti* (extrait de la *Revue de Paris*).

(2) Peu de jours après, le 30 mars 1824, la duchesse de Devonshire mourut.

adieu ! palais des Césars ; adieu ! forum des anciens Romains, autrefois si agité ; adieu ! murs du Capitole ; adieu ! espace paisible en qui se réunissent tant de souvenirs, où si souvent j'ai fait des promenades solitaires, lieux que j'aimais tant à parcourir en me livrant à de douces rêveries ! adieu, vous vivrez toujours dans ma mémoire, parce que vous avez touché mon cœur ; vous m'avez fait éprouver des sensations inconnues jusqu'au jour où j'ai pu jouir de votre aspect délicieux ! »

Avant de regagner la France, il avait grande envie de faire le voyage de la Grèce avec le colonel Voutier qui le lui avait offert chez Madame la duchesse de Devonshire ; et il n'aurait assurément pas résisté à ce désir si ce n'eût été la crainte « d'affliger ceux qu'il aimait et d'en être trop longtemps encore éloigné. » Il quitte donc cette Rome si désirée, et, après avoir longé par étapes la côte de l'Adriatique pendant près d'un mois, il retrouve bientôt « je ne sais quoi dans l'air et dans l'ensemble du pays qui lui annonce la France. » Si l'on éprouve une émotion intime, une douleur secrète en abandonnant les frontières de sa patrie, quelles sensations de bonheur ne doit-on point ressentir le jour où, après une longue absence, l'on revoit le pays natal, ce sol que nous chérissons, non-seulement par droit de nationalité, mais encore à cause des parents et des amis qu'il renferme, mais surtout parce qu'il nous rappelle le souvenir touchant de nos premières années. Alors, il est doux de se retrouver, comme dit le poëte latin, *inter flumina nota et fontes sacros,* près de ces rivières connues et de ces sources sacrées ; alors on aime à se ressouvenir et à repasser, comme dans un songe délicieux, tout ce que l'on a vu de beautés et de merveilles. Or, Dugas-Montbel avait une âme trop sensible pour rester étranger à de pareils sentiments ; dès qu'il fut rentré au *manoir de ses pères*, il goûta avec plus de charmes, s'il est possible, les avantages de la vie privée et les agréments de sa petite pro-priété : « Qu'il m'est doux, s'écriait-il,

> Qu'il m'est doux de revoir ces bocages épais !
> Que j'aime à respirer sous ces ombrages frais,
> A m'égarer, après une si longue absence,

Dans le champêtre asile où coula mon enfance !
Comme autrefois, j'entends le doux chant des oiseaux
Se mêler, vers le soir au murmure des eaux ;
Les rayons du soleil, en quittant nos campagnes,
Dorent, comme autrefois, le lointain des montagnes ;
Comme autrefois enfin, de suaves odeurs
S'exhalent dans les airs du calice des fleurs.
Non, sans doute en ces lieux où commença ma vie,
Je ne regrette plus le beau ciel d'Italie ;
Mais je me plais à joindre à de grands souvenirs,
Le souvenir touchant de mes premiers plaisirs ;
Et j'aime à comparer de sublimes images
Aux modestes tableaux de ces charmants rivages.
Frais ruisseau, beau vallon, vous m'êtes bien plus doux
Que si j'étais toujours demeuré près de vous.
Une longue habitude affaiblit dans notre âme
La pointe la plus vive et la plus pure flamme ;
Tandis qu'en revoyant, ces prés, ces champs, ces bois,
Je crois encor renaître une seconde fois.

Et toi dont la lumière en mille traits brisée
Eclaire en ce moment les arcs du Colysée,
Astre mystérieux, souveraine des nuits,
Qui prête un si grand charme à ces nobles débris,
Toi qui sembles te plaire au milieu des ruines,
Répands ton doux éclat sur nos vertes collines ;
Quoique moins radieuse, et que pour nous l'azur
S'étende à l'horizon moins brillant et moins pur,
Cette pâle clarté sur l'émail des prairies
Invite mieux notre âme aux tendres rêveries ;
Et l'on découvre ici des aspects enchanteurs
A travers le rideau de ces faibles vapeurs,
Comme apparaît le sein de la jeune bergère,
Pudiquement voilé d'une gaze légère.

Allons nous reposer au pied de ces ormeaux,
Dont le tremblant feuillage est penché sur les eaux ;
Dans ce secret asile où se montre à ma vue
La Roche du Corbeau [1] dans les airs suspendue,

---

(1) La roche du Corbeau est sur la rive gauche du Gier, qui descend
de Pila ; elle est tout près de la Grand Croix.

Où j'aperçois au loin les gracieux détours
Que suit en murmurant le ruisseau dans son cours ;
Ces monts que, dans l'enfance en erreurs si féconde,
Je prenais autrefois pour les bornes du monde ;
Maintenant de retour en ces paisibles lieux,
Pays que j'ai connus, recevez mes adieux.
Adieu, Rome, séjour de pompe et de misère ;
Adieu, dôme élevé qui couronnes Saint-Pierre !....
Du haut du Pincius, je n'irai plus revoir
Ta coupole embrasée aux derniers feux du soir ;
Je ne reverrai plus cet horizon tranquille
Que terminent les pins de la villa Pamphile.

Et vous, lieux plus déserts, mais pour moi pleins d'attraits,
Champs où fut le Forum, le temple de la paix,
Terre antique et sacrée où notre œil se promène
Sur les derniers témoins de la grandeur romaine,
Vestiges importants de tous côtés épars,
Tombeau de Scipion, demeure des Césars,
Adieu, je n'irai plus, pensif et solitaire,
Rêver sur le néant des choses de la terre,
Et n'occuperai plus mes tranquilles loisirs
A chercher parmi vous d'illustres souvenirs.
Je n'irai plus m'asseoir sous une voûte obscure
Où pendaient en festons des touffes de verdure ;
D'où je pouvais jouir des bleuâtres lointains
Et des vastes contours qu'offrent les Apennins.
Adieu, Rome, l'objet des plus graves études,
Restes majestueux, sublimes solitudes,
Ville des anciens temps, reine de l'univers,
Seule debout restée au milieu des déserts,
Toute remplie encore de ta gloire éclipsée.

Bien d'autres souvenirs vivent dans ma pensée :
Naples, Cumes, Pestum, Sorente, Pompeïa,
Mycènes, toi surtout beau golfe de Baïa.
Mais quelque noble feu que l'Italie inspire,
Je ne puis à cette heure et tout peindre et tout dire ;
Il est temps de finir. La lune dans les cieux,
A franchi la moitié de son cours radieux ;
Déjà le vent plus frais agite les bruyères,
Regagnons lentement le manoir de mes pères ;

> Et, sous cet humble toit, jusqu'au prochain soleil,
> Avant que de goûter les bienfaits du sommeil,
> Puisqu'enfin j'ai trouvé le sol de ma naissance,
> Que mes derniers accents soient des vœux pour la France !

1830-1834

Nous voici parvenus à la dernière période de cette noble et laborieuse carrière. Nous avons considéré notre compatriote, depuis ses débuts dans la littérature jusqu'au jour où, grâce à ses labeurs constants et opiniâtres, il s'est élevé au rang des principaux hellénistes français ; nous l'avons vu, sans cesse entouré de toutes les sympathies, participer aux travaux de plusieurs académies et donner sans cesse la preuve d'une vaste science et d'une solide érudition. Pourquoi fallait-il qu'à la fin d'une vie si dignement remplie vint s'ouvrir, dans un horizon plein de nuages, une carrière, honorable sans doute, mais pénible et triste ? Je veux parler de la carrière politique. Pour un caractère aussi simple dans ses manières, aussi bon, aussi désintéressé, aussi étranger à l'intrigue, à l'ambition, à la cupidité, à toutes les passions basses, que l'était celui de Dugas-Montbel, pour une âme douce et généreuse comme la sienne, planant jusqu'alors dans des sphères élevées et pures, ce devait être un sacrifice immense que de se livrer aux tiraillements et aux tribulations politiques. « Que pouvait, en effet, dit Dumas, cet esprit droit, aimable et conciliateur, au milieu des dissensions publiques, de la mauvaise foi, de l'amertume, de la haine qu'inspirent des rivalités exaltées, et de l'inimitié des factions qui se disputent le pouvoir ? » Assurément, Dugas-Montbel n'était point propre à

---

(1) Cette pièce de poésie a été publiée dans la *Revue de Saint-Etienne*, (1833-1834) pp. 46, 47, 48, 49. Dugas-Montbel la composa en 1824, à son retour d'Italie ; elle se trouve, en effet, à la suite du manuscrit qui m'a servi pour écrire les pages précédentes.

faire un homme d'Etat, un orateur ou un diplomate ; mais, en revanche, il possédait ce jugement éclairé qui apprécie les faits et pèse les circonstances, ces connaissances étendues qui forment le principal fond de la conversation. En un mot, c'était un savant doublé d'un homme d'esprit et ces deux qualités suffisaient, à mon sens, pour qu'il fût à la hauteur de son mandat.

On se fait généralement une fausse idée de la véritable science ; on la confond trop souvent avec cette érudition mesquine qui se prend d'une ardeur presque fanatique pour l'étude de certains auteurs. Dugas-Montbel n'appartenait point à cette docte phalange d'écrivains, *éplucheurs de mots et de dates,* qui dissertent aisément pendant des heures entières sur un vers inconnu ou quelque peu étrange, discutent l'étymologie, l'orthographe et la signification d'un mot, fouillent les collections grecque et latine pour faire valoir des opinions plus ou moins originales, et produisent enfin de *gros bouquins* sur le titre, le format et la date d'une rareté bibliographique. Ce n'est pas à dire pour cela qu'il méprisait l'érudition ; non ! mais il était, du même coup, pénétré de l'esprit du siècle ; il cherchait dans les auteurs anciens quel était l'état social à l'époque dont il s'occupait et montrait le chemin que les hommes avaient parcouru pour arriver à la civilisation présente. Considérée sous ce noble point de vue, l'érudition est certainement une des plus utiles sciences et qui sert le mieux à déterminer la loi de progression de l'esprit humain.

Qu'on n'aille point là-dessus me taxer d'ingratitude envers les nombreux savants qui honorent non-seulement nos provinces, mais notre pays tout entier. Je suis loin de traiter avec mépris les recherches du philologue et de l'historien. Est-ce que l'étude des mots ne doit pas, en effet, indispensablement précéder et accompagner celle des choses ? Est-ce que, pour déterminer l'état de la société aux différentes époques de l'histoire, il ne faut pas apprendre, scruter, *éplucher* le langage des auteurs qui nous le font connaître ? Est-ce que, si l'étude des textes était abandonnée, il ne faudrait pas bientôt renoncer à l'érudition et à la connaissance de l'antiquité ? Est-ce qu'enfin, sans la recherche des dates, il

serait permis de suivre à travers les siècles les progrès de la civilisation que le véritable savant est appelé à constater ? Il n'y a
rien que d'utile, de louable et de noble dans de pareils travaux
et l'on ferait preuve d'une incontestable ignorance en les dédai-
gnant; ce serait rétrécir la science, sous le prétexte de l'agrandir.

Quoi qu'il en soit, Dugas-Montbel était fort digne de représenter une masse d'électeurs à la Chambre des députés et de
défendre leurs intérêts mieux que personne. Outre qu'il possédait
les principes d'une saine philosophie, ses idées étaient encore
empreintes d'un rare libéralisme. Or, la philosophie de Dugas-
Montbel se reflète surtout dans deux opuscules, dont l'un a eu
les honneurs de la publicité. Je veux parler de sa dissertation
intitulée : *De l'influence des lois sur les mœurs et des mœurs sur les
lois*, et d'un travail ébauché concernant les *droits du faible contre
le fort et du fort contre le faible.*

Aristote, dans sa *Politique*, s'exprime ainsi : « Il faut surtout
connaître quelle est la constitution qui s'adapte le mieux à chaque
Etat...; car il ne s'agit pas seulement de considérer quelle est la
meilleure constitution en soi, mais celle qui est possible. » Telle
est la pensée sur laquelle Dugas-Montbel s'est appuyé dans son
mémoire de *l'influence des lois sur les mœurs*. Ce sujet avait été
mis au concours pour un des prix fondés par M. Monthyon et
l'on conçoit que la question devait offrir un intérêt particulier,
en 1830, au moment où une simple secousse allait renverser le
trône de Charles X pour donner le gouvernement de la France
à la branche plus libérale des d'Orléans. L'auteur, dans sa rigoureuse logique, trace au législateur son devoir et définit les considérations qui doivent plus ou moins agir sur ses décisions. « Les
lois d'une société, dit-il, sont dans ses mœurs; le mérite et le
devoir du législateur sont de découvrir quelles sont ces lois et de
les promulguer; plus ces lois promulguées sont conformes aux
lois réelles, c'est-à-dire sont l'expression fidèle des mœurs, plus
elles auront de force et de durée; mais si, au contraire, elles se
trouvent opposées aux mœurs, nécessairement elles doivent, dans
cette lutte, finir par succomber devant les mœurs, tout en contra-

riant le mouvement de perfection auquel il n'est point de peuple qui ne soit appelé. Le second devoir du législateur, non moins impérieux que le premier, est de s'associer à ce mouvement progressif et de l'aider par tous les moyens qui sont en sa puissance : ce côté moral du travail du législateur, qui n'avait que peu d'extension dans les temps anciens, trouve surtout son application parmi les Européens et parmi les Américains. » Si, d'un autre côté, nous examinons ses idées sur les droits du faible à l'égard du fort, nous y voyons que l'individu n'a isolément aucun droit sur la société, mais que celle-ci doit avoir les mêmes égards pour lui que pour les autres hommes et lui procurer une existence aussi heureuse que possible : « L'individu, dit-il, ne peut pas exister sans la société ; mais la société n'a pas besoin de tel ou tel individu ; donc l'individu doit se soumettre à la société et la société a des droits sur lui. » Quels sont ces droits ? Comment la société ou ceux qui la représentent doivent-ils en user ? C'est précisément le sujet du mémoire précédent, présenté et développé avec beaucoup d'esprit et, plus encore, d'à-propos.

En effet, sur la fin du règne de Charles X, dont le gouvernement « trop ancien régime » avait irrité les esprits, les idées libérales avaient pris une grande extension et l'on sentait dans l'opinion comme un courant irrésistible qu'il eut le tort de vouloir refouler. Aussi, tous ceux qui semblaient favoriser quelque peu ces idées, étaient-ils bienvenus auprès du public, et Dugas-Montbel devait, j'imagine, jouir d'une estime relativement considérable. Dès 1829, le Collège départemental de la Loire, convoqué pour le choix d'un député, proposa son nom aux suffrages des électeurs. Sa candidature eût inévitablement réussi, sans un article de la *Gazette de France* qui proclama notre helléniste « une des notabilités monarchiques du département. » C'était presque une calomnie, et il se hâta de la rectifier dans une lettre au *Précurseur*[1] :

« Je viens de lire, disait-il, pour la première fois dans votre journal, un article extrait de la *Gazette de France,* et relatif à mon

---

(1) Cf. le *Précurseur* des 29 et 30 décembre 1828.

élection au grand collège de la Loire. L'auteur de cet article a la bonté de me proclamer une des notabilités monarchiques de notre département; il eût été plus exact de dire simplement que mes opinions sont celles d'un homme franchement monarchique et constitutionnel. Je ne pense pas que ces deux mots doivent jamais être séparés, et ce n'est qu'à ce double titre que je me mets sur les rangs pour la députation.

« Je regrette beaucoup de n'avoir pas connu plus tôt l'article de la *Gazette;* je me serais hâté de m'expliquer pour ne laisser aucun doute sur mes véritables sentiments. J'aimerais mieux renoncer pour toujours à l'honneur d'être député, que d'arriver à la Chambre en trompant la croyance des électeurs. Je ne profiterai jamais d'une méprise, parce que le mensonge m'est odieux.

« Heureusement, j'espère que cette lettre arrivera assez à temps pour dissiper toutes les incertitudes, fixer toutes les résolutions. »

A n'en pas douter, la réponse arriva trop tard et l'élection échoua. Mais cet échec fut bientôt réparé : le 4 juillet 1830, Dugas-Montbel obtint la majorité des suffrages dans le département du Rhône.[1] Il arriva à la Chambre avec les 221; c'est dire que, malgré lui, il se trouva jeté dans les entrailles de la Révolution. Toutefois, il ne faillit à ses principes pas plus qu'à ses promesses. Dugas-Montbel était, il est vrai, un de ces hommes à bonne fortune que la popularité vient chercher un jour dans leur retraite pacifique où ils ne s'attendent point à sa visite. Ils l'accueillent avec un contentement mêlé d'un peu d'inquiétude, acceptent ses charges et, dans l'occasion, les acquittent avec un courage qu'ils n'avaient point promis, mais que leurs amis avaient su deviner. Avec cela, point d'ambition, point de bruit, pas le plus petit brin de charlatanisme. Ajoutez de l'esprit, avec les preuves faites, de façon à constater sa supériorité sans en offenser les autres; un désintéressement absolu, une modération bien rai-

---

(1) Il fut élu par 286 voix, contre MM. de Verna, Vachon-Imbert, de Lacroix-Laval. — V. *Archives du Rhône,* 1830.

sonnée ; en un mot, de la tête et du cœur. En toute circonstance, il justifia le choix de ses concitoyens par une sagesse d'opinion qui n'excluait ni la fermeté ni le courage. Ainsi, la révolution de juillet le trouva fidèle au poste où l'appelaient la défense des lois et l'honneur du pays.

Du jour où Charles X publie les Ordonnances, en vertu desquelles la Chambre était dissoute et la liberté de la presse périodique suspendue, Dugas-Montbel se trouve dans les rangs des députés opposants et décide, de concert avec eux, qu'on ne doit point tenir compte desdites ordonnances. Il ne craint pas d'apposer sa signature au bas de la protestation[1] suivante, placardée sur les murs de Paris :

Les soussignés, régulièrement élus, et se trouvant actuellement à Paris, se regardent comme absolument obligés par leurs devoirs et leur honneur de protester contre les mesures que les conseillers de la couronne ont fait naguères prévaloir pour le renversement du système légal des élections et la ruine de la liberté de la presse.

Lesdites mesures, contenues dans les ordonnances du 25 juillet, sont, aux yeux des soussignés, directement contraires aux droits constitutionnels de la Chambre des pairs, au droit public des Français, aux attributions et aux arrêts des tribunaux, et propres à jeter l'Etat dans une confusion qui compromet également la paix du présent et la sécurité de l'avenir.

En conséquence, les soussignés, inviolablement fidèles à leur serment, protestent d'un commun accord, non-seulement contre lesdites mesures, mais contre tous les actes qui en pourraient être la conséquence.

Et, attendu, d'une part, que la Chambre des députés, n'ayant pas été constituée, n'a pu être légalement dissoute ; d'autre part, que la tentative de former une autre Chambre des députés, d'après un mode nouveau et arbitraire est en contradiction formelle avec la Charte constitutionnelle et les droits acquis des électeurs, les soussignés déclarent qu'ils se considèrent toujours comme légalement élus à la députation par les collèges d'arrondissement et de département dont ils ont obtenu les suffrages, et comme ne pouvant être remplacés qu'en vertu d'élections faites selon les principes et les formes voulues par la loi.

Et, si les soussignés n'exercent pas effectivement les droits et ne

---

(1) 25 juillet 1830. Cette protestation fut signée par 63 députés.

s'acquittent pas de tous les devoirs qu'ils tiennent de leur élection légale, c'est qu'ils en sont empêchés par une violence matérielle.

Moniteur du 8 août 1830, p. 872.

Le 31 juillet, il assiste à la grande réunion des députés et des journalistes et vote la proclamation adressée au peuple français :

Français,

La France est libre. Le pouvoir absolu levait son drapeau ; l'héroïque population de Paris l'a abattu. Paris attaqué a fait triompher par les armes la cause sacrée qui venait de triompher en vain dans les élections. Un pouvoir usurpateur de nos droits, perturbateur de notre repos, menaçait à la fois la liberté et l'ordre ; nous rentrons en possession de l'ordre et de la liberté. Plus de crainte pour les droits acquis, plus de barrière entre nous et les droits qui nous manquent encore.

Un gouvernement qui, sans délai, nous garantisse ces biens, est aujourd'hui le premier besoin de la patrie. Français, ceux de vos députés qui se trouvent déjà à Paris se sont réunis, et, en attendant l'intervention régulière des Chambres, ils ont invité un Français qui n'a jamais combattu que pour la France, M. le duc d'Orléans, à exercer les fonctions de lieutenant-général du royaume. C'est à leurs yeux le plus sûr moyen d'accomplir promptement par la paix le succès de la plus légitime défense.

Le duc d'Orléans est dévoué à la cause nationale et constitutionnelle ; il en a toujours défendu les intérêts et professé les principes. Il respectera nos droits, car il tiendra de nous les siens. Nous nous assurerons par des lois toutes les garanties nécessaires pour rendre la liberté forte et durable....; nous donnerons à nos institutions, de concert avec le chef de l'Etat, les développements dont elles ont besoin.

Français, le duc d'Orléans lui-même a déjà parlé, et son langage est celui qui convient à un pays libre : « Les Chambres vont se réunir, vous dit-il ; elles aviseront aux moyens d'assurer le règne des lois et le maintien des droits de la nation. »

La Charte sera désormais une vérité.

Moniteur de 1830, p. 289, sous ce titre : Proclamation adressée au
peuple Français par les Députés des départements réunis à Paris. (89 dé-
putés étaient présents à la séance.)

Ne prenez point pourtant Dugas-Montbel pour un révolutionnaire ; il est loin de mériter cette qualification. Personne plus que lui n'aime et ne désire le calme et l'ordre publics ; mais personne aussi ne tient autant à la liberté, et lorsque cette liberté est violée, lorsque la volonté nationale est méprisée, il regarde comme son devoir le plus sacré de faire respecter l'une et l'autre. Voilà pourquoi il s'oppose à Charles X, voilà pourquoi, se rangeant sous les plis du drapeau tricolore, il s'unit au vœu de la France en proclamant le gouvernement du duc d'Orléans.

La population lyonnaise, toujours si attachée aux libertés nationales, pour lesquelles elle avait combattu en 1793, ne pouvait manquer de reconnaître la franchise et la droiture de Dugas-Montbel et de lui savoir gré de son attitude pendant les journées de juillet. Malgré d'importantes modifications à la loi électorale, il fut, en 1831, réélu presque sans contestation. « Les voix lui viendront, avait-on dit, de tous les côtés, d'en haut comme d'en bas, et pourtant il siège au centre gauche, et il est entré notoirement dans la fameuse conspiration de l'adresse au roi pour l'abolition de la peine de mort.[1] »

Vous allez vous récrier à ce mot de conspiration et prétendre peut-être qu'il n'y a là rien de bien digne. Rassurez-vous; loin de nuire à son pays, notre compatriote eût tout sacrifié pour le salut de l'Etat. Mais son âme magnanime ne pouvait supporter l'existence de la peine de mort, de cette loi assez cruelle pour enlever à un semblable une existence que, selon lui, Dieu seul a le droit de reprendre. Or, ce sentiment d'humanité et de justice même avait déjà pris naissance au sein de l'Assemblée constituante; il ne faisait que se reproduire, en 1830, avec une consistance nouvelle et plus générale. Aussitôt après l'avènement de Louis-Philippe, d'un côté, les blessés de Saint-Cloud et de Paris demandèrent pour leurs frères d'armes l'abolition de la peine de mort, et de l'autre, M. de Tracy déposa un projet de loi concluant à l'abolition complète de cette peine. La proposition de M. de Tracy fut prise en considération et longuement discutée; la majorité l'appuya avec opiniâtreté, et, dans la séance solennelle du 8 octobre, elle vota une adresse au roi afin d'obtenir satisfaction. Or, le compte-rendu de ladite séance[2] rapporte que Dugas-Montbel

---

(1) Cf. *Revue de Paris,* 1830.

(2) V. *Moniteur universel,* 1830.

s'abstint de prononcer le discours qu'il avait préparé pour céder la parole à M. Villemain, dont l'éloquence lui parut sans doute plus propre à émouvoir les esprits. Le lendemain, il se joignit à la députation chargée de présenter cette adresse, ne voulant pas que, dans une cause aussi humanitaire, on pût blâmer son désintéressement. Deux ans plus tard,[1] à la suite de nouvelles pétitions pour l'abolition de la peine de mort, il ne cessa de demander un examen sérieux et approfondi de la question; on goûta fort son avis, ce qui n'empêche pas que, depuis cette époque, le code pénal n'a, sur ce point, subi aucune modification.

En général, au cours de sa législature, Dugas-Montbel monta rarement à la tribune; il travaillait plutôt dans l'intimité de la Chambre, au sein des commissions. Certaines circonstances l'obligèrent pourtant d'intervenir directement dans les débats.

S'il y avait, en 1830, une question capitale, c'était bien celle de la liberté de la presse. Fallait-il sévir contre les journaux opposés à la monarchie et punir sévèrement leurs injures et leurs calomnies? Ou bien était-il meilleur de ne mettre aucune borne à leur licence, sous le spécieux prétexte de ne pas enchaîner la liberté de la pensée? Devait-on encore sévir contre les afficheurs et crieurs publics qui trompent souvent la crédulité et la bonne foi par de fausses annonces? Notre compatriote, chargé du rapport de la commission, appuya le gouvernement en demandant un peu de sévérité. Voici, du reste, le discours plein de sens qu'il prononça le jour de la discussion générale; la lecture de ce document permettra, mieux que ne le feraient toutes les appréciations, de juger la valeur des arguments qui y sont développés :

.... D'après le projet de loi, peut-on nous dire, vous privez de la connaissance des journaux tous ceux qui ne peuvent pas s'abonner, même à un cabinet de lecture. Eux aussi cependant ont intérêt à la chose publique, eux aussi ont besoin d'entrer dans le commerce d'idées qui doit être ouvert à toutes les intelligences; et, par les affiches des feuilles politiques, on met à leur portée une instruction que, sans cela il leur est impossible d'atteindre. Voilà, sans doute, la seule raison à

_____

(1) V. *Moniteur universel*. — Séance du 15 décembre 1832.

opposer, on voit que je ne l'ai pas dissimulée ; mais, malgré cela, je maintiens ma résolution.

Certes, personne plus que moi n'est partisan sincère de l'instruction générale ; je la réclame pour tous, et je forme des vœux ardents pour que bientôt il n'y ait pas un seul individu parmi nous qui ne jouisse de ses précieux bienfaits ; je saisirai toujours avec empressement les moyens de la rendre plus populaire ; mais, fidèle à la devise accueillie par la France entière, je demande qu'on ne cesse jamais de concilier la liberté avec l'ordre public. La liberté, c'est que chacun, à ses risques et périls, ait la faculté de publier sa pensée sans restriction, sans contrôle préalable. L'ordre public, c'est que cette faculté soit soumise à des règles fortes et sévères pour qu'elle ne nuise pas à la liberté des autres. Je sais les nombreux services que nous a rendus la presse, tous ceux qu'elle peut nous rendre encore. Voilà pourquoi je la veux indépendante, affranchie de toute mesure préventive ; je sais aussi combien elle est puissante, et c'est précisément parce qu'elle est puissante qu'il faut lui tracer des limites profondes, car, sans limites, la puissance n'est que le despotisme.

C'est de ce principe que résulte la nécessité des lois répressives de la presse, nécessité que nul ne conteste. C'est aussi sur ce principe qu'est fondé le projet qu'on vous présente, et que j'appuie, en demandant toutefois une disposition spéciale en faveur des individus, qui forme le sujet d'un amendement. En effet, Messieurs, la liberté de placarder protège l'attaque, sans laisser aucun recours à la défense ; elle rend nul l'article 11 de la loi du 22 mars 1822, qui enjoint à tout journal d'insérer la réponse de la personne désignée. Mais, dira-t-on, si c'est un journal qui est affiché, il sera forcé de même d'accueillir et d'insérer la réponse. Fort bien, mais rien ne l'obligera d'afficher cet exemplaire, ni aux mêmes lieux, de sorte que ceux qui auront lu la calomnie ignoreront entièrement la réfutation. Si l'injure est affichée dans un écrit non périodique, l'inconvénient n'est pas moins grave. Faudra-t-il qu'à son tour la personne attaquée affiche sa défense ? Lui sera-t-il possible de suivre l'attaque dans tous les carrefours ? N'arrivera-t-il pas que ceux qui auront lu la calomnie ne pourront pas lire la défense, et que ceux qui verront la défense ne sauront pas à quoi elle répond ? Et ceci n'est point une vaine supposition ; j'ai vu des placards remplis d'injures personnelles : étaient-elles fondées ? je l'ignore. L'homme injurié a-t-il répondu ? c'est possible ; mais je n'ai pas aperçu la réponse, d'où il résulte évidemment que cette odieuse polémique est toute au profit de celui qui veut nuire, et laisse entièrement désarmé celui qu'on accuse à tort....

Messieurs, au point où les progrès de la civilisation ont élevé notre état social, la publicité politique est une indispensable nécessité ; on ne peut plus gouverner sans elle.

Mais, qu'on y fasse bien attention, la publicité ne peut réellement s'obtenir que par des moyens réguliers; pour qu'elle porte ses fruits, il faut qu'elle s'adresse à l'intelligence, à la méditation qui seules sont susceptibles d'apprécier ce qui est vrai. Il faut qu'elle éclaire les esprits, et non qu'elle excite les passions; car, si parfois les passions sont d'utiles auxiliaires au milieu des combats pour obtenir le triomphe, elles ne sont que trop souvent aussi de mauvaises conseillères après la victoire, quand il s'agit de fonder. Or, une lecture attentive, réfléchie, voilà ce qui nous instruit et nous éclaire; mais une lecture faite au milieu d'hommes rassemblés au hasard, où se trouvent en contact les affections les plus vives et les plus opposées, voilà ce qui excite les haines et obscurcit tout jugement. Si l'on a le droit d'afficher une opinion violente, une nouvelle fausse, qui m'empêchera de la lire à haute voix, d'y mêler le blâme ou l'éloge, de l'approuver ou de la contredire? Et voilà déjà la discussion allumée au milieu d'un groupe passionné; voilà les rixes, le tumulte, tout près d'éclater; et, dans ce conflit d'opinions personnelles mises en présence, tel à qui un instant de réflexion aurait montré la vérité, n'obéit alors qu'aux plus aveugles inspirations. Non, sans doute, ce n'est point là qu'est la vraie publicité; ce n'en est que l'abus.

Le seul moyen d'obtenir une publicité réelle, effective, est tout entier dans les écrits périodiques, dans les journaux tels qu'ils existent aujourd'hui; ils suffisent pleinement à tous les besoins intellectuels. Qu'on leur ouvre donc une voie spacieuse, j'y consens; leur grand nombre même m'épouvante peu, car, pour que la vérité triomphe, il est bon que l'erreur soit connue; l'erreur, qui ne s'accrédite qu'à la faveur du mystère, ne résiste pas longtemps au jour de la publicité. Il en est de même des fausses doctrines, elles périssent en se produisant; le bon sens public en fait justice et prouve que renfermée dans ses limites légales, la presse n'a d'action sur une société qu'autant qu'elle en exprime la véritable opinion. Au-delà de ces bornes, la publicité n'est qu'une publicité de déception, une publicité menteuse, dont l'unique but est de tromper le peuple, d'exciter les divisions et de troubler le repos du pays.

Il est temps enfin de mettre un terme au scandale de ces affiches incendiaires dont nos plus cruels ennemis salissent chaque jour les murs de la capitale, et peut-être serait-il permis d'adresser quelques reproches aux scrupules du ministère pour n'avoir pas déjà fait, par mesure de police générale, ce qu'il attend de l'autorisation spéciale d'une loi. La France y eût applaudi sans doute; la France satisfaite du gouvernement qu'elle s'est choisi voit avec une douleur profonde tout ce qui peut en compromettre l'existence, en retarder le raffermissement. De toutes parts s'élèvent ces cris : *ordre et stabilité*.

J'ai profité de l'ajournement de la Chambre pour me mettre en rapport avec les électeurs qui m'ont honoré de leur confiance; eh bien! je dois le dire, la tranquillité publique est le vœu le plus unanime. Tous ceux que j'ai consultés ont compris qu'une fois le principe de la volonté nationale déclaré à la face du monde, les conséquences en étaient inévitables, parce que rien n'est inflexible comme un principe publiquement avoué. Tranquilles sur ce point, tous veulent qu'on marche dans cette direction avec sagesse et fermeté, mais ils redoutent la précipitation, sachant bien que par elle rien de solide ne peut s'établir. Ils demandent des améliorations successives, mais ils craignent les théories sans base et les essais dangereux; tous enfin sont persuadés que la révolution est consommée et qu'il ne s'agit plus que de consolider le terrain sur lequel nous sommes placés. Voilà ce que proclament hautement l'industrie et le commerce, qui ne vivent que de sécurité; voilà ce qu'implore le crédit public qui ne saurait subsister sans confiance dans l'avenir. Et ce ne sont pas seulement les sommités sociales qui s'expriment ainsi : qu'on descende jusqu'aux plus profondes racines de la révolution, on retrouvera les mêmes vœux. Ceux mêmes dont on fait injustement une classe inférieure comprennent aussi avec un merveilleux instinct qu'il n'est de bien-être pour eux que dans le travail créé par l'intelligence. Disons mieux, tous les Français aujourd'hui ont la conscience qu'il n'existe plus parmi nous de classes ni supérieures ni inférieures, qu'il n'existe qu'un peuple, depuis le roi jusqu'au plus humble citoyen, sans autre distinction que celles tracées par la nature elle-même entre tous les individus; ils ont la conscience que dans le pays ainsi constitué, chacun a besoin de tous, et qu'attaquer un seul point du corps social, c'est jeter le trouble et la perturbation dans toutes ses parties.

Je ne doute pas que nos collègues qui arrivent des départements n'aient recueilli les mêmes impressions. Que le ministère apprenne donc à connaître l'opinion vraie de toute la France, et se hâte de se mettre franchement à la tête de cette opinion, le seul et le plus ferme appui du trône. Qu'il soit bien convaincu que, dans cette voie, il n'a point d'opposition sérieuse à redouter, que les dissidences ne sont pas profondes; que tous nous voulons atteindre le même but; et que fortifier un pouvoir national, c'est fortifier aussi la liberté et garantir l'indépendance. C'est un grand point sans doute que de n'avoir aucune question vitale à débattre entre nous; mais il faut agir et les nuances disparaîtront sans efforts devant une volonté nettement exprimée : il faut que les ministres poursuivent avec courage la route qu'ils viennent d'ouvrir, ils trouveront ici pleine et entière assistance... Qu'est-il besoin d'insister davantage? Les évènements parlent plus haut que ma faible voix; mais ce qu'il ne faut cesser de redire aux hommes qui dirigent les affaires, c'est que dans les circonstances graves où se trouve la France, toute inaction, toute hésitation même serait un crime.

Moniteur de 1830, p. 1620. — Séance du vendredi, 3 décembre.

Mais, s'il voulait la répression des délits de la presse, Dugas-Montbel se prononçait aussi pour que l'on facilitât la création des journaux périodiques, en réduisant le cautionnement qui leur était imposé.

Quelques mois plus tard, prenant la défense de la garde nationale, il s'opposa fortement à l'adoption de l'article relatif aux remplacements : « Si l'on admet le remplacement, disait-il, c'en est fait de la garde nationale. » Il ne faisait par là qu'obéir à la majorité des gardes nationales du royaume, et, en particulier, à celle de Lyon qui lui avait adressé une pétition à ce sujet :

Les Lyonnais, comme toute la France, sont attentifs à vos travaux importants sur la loi qui doit être la base de la plus féconde de nos institutions. Il n'ont pu voir, sans une extrême inquiétude, introduire dans le projet de loi que la Chambre va discuter incessamment, un article qui a pour but d'autoriser, dans le service sédentaire de la garde nationale, le remplacement des hommes du même bataillon ou de la même compagnie. On sait que partout il se rencontre des hommes peu zélés ou qui apportent un esprit d'opposition à tout ce qui a trait à la garde nationale.... L'immense majorité de la garde nationale de Lyon tient à honneur de faire un service personnel; mais chacun a prévu le résultat inévitable de la faculté du remplacement. Les tièdes et les opposants commenceront à en user, et bientôt personne ne se souciera de se rendre au corps-de-garde que l'on craindra de trouver rempli par des mercenaires.... On conçoit que des gardes nationaux ne peuvent être toujours prêts comme des soldats casernés, et qu'en mille circonstances il doit leur être permis de présenter des excuses. Dans ce cas, leurs réclamations devront être appréciées et leur tour de garde ajourné ; mais point de remplacement qui, suivant l'opinion générale, tuerait la garde nationale.

Archives du Rhône, 1830, p. 207.

Dugas-Monbel appela l'attention de la Chambre sur cette demande, il en fit valoir plusieurs fois les arguments, parce qu'il avait la conviction que la désorganisation de la garde nationale pouvait devenir fatale à la sécurité du royaume. Mais s'il s'intéressait vivement au salut de la France, il avait peut-être plus de scrupules encore sur le point de l'honneur. Et, pour n'en prendre qu'un exemple, je citerai les belles paroles qu'il prononça à la tribune en faveur du chevalier Giove, un brave qui n'avait pas hésité à sacrifier sa fortune pour notre pays.

La demande qui vous est présentée intéresse l'honneur de la France. Le chevalier Giove, pendant que nos armées étaient en Dalmatie, s'est ruiné pour leur donner du pain quand elles en manquaient. Il a entretenu à ses frais les *corps-francs* contre les Russes, avec lesquels nous étions alors en guerre; il a avancé des sommes énormes pour faire traverser à notre artillerie des montagnes jusqu'alors inaccessibles. Toutes les fois qu'il s'agissait de l'armée française, le chevalier Giove y mettait un tel enthousiasme, un tel dévouement qu'il n'a jamais calculé les résultats que ses démarches pouvaient avoir. Il a sacrifié sa fortune et un rang honorable au Fort-Opus dont il était podestat. Le chevalier Giove a même risqué sa vie.

M. le rapporteur vous a dit qu'il était dans un état voisin de l'indigence; je déclare, moi, qu'il est dans l'indigence la plus absolue, que, dans ce moment, il en est à son dernier effet à mettre au mont-de-piété.... Je crois qu'il est de la dignité de la Chambre, de l'honneur du pays de ne pas laisser dans la misère un homme qui s'est dévoué pour nos armées. Il y a environ deux mois, la Chambre a cru se montrer juste envers lord Cochrane, en renvoyant sa pétition au Conseil des ministres. Sans considérer si toutes les formes légales avaient été observées, elle a pensé que la France ne pouvait pas abandonner ceux qui s'étaient ruinés pour elle sans autre motif que celui de l'intérêt qu'ils portaient à notre pays et à nos armées. J'espère que la Chambre voudra en faire autant pour le chevalier Giove, et que, prenant en considération la situation déplorable où il se trouve, elle renverra, en la recommandant d'une manière spéciale, sa pétition au Conseil des ministres.

Il serait impossible, je le répète, que la Chambre laissât le pétitionnaire dans la misère extrême où il se trouve.

Moniteur, 1831, p. 2297. — Séance du 3 décembre.

Un langage aussi noble ne pouvait manquer d'émouvoir la Chambre; la pétition du chevalier Giove fut acceptée contre les conclusions du gouvernement.

Ce qui devait, à mon sens, captiver encore davantage l'attention de Dugas-Montbel, c'étaient assurément les questions relatives au commerce et à la prospérité de Lyon. Or, il monta deux fois à la tribune pour défendre les intérêts de la population qui l'avait investi de son mandat. Et ne vous imaginez point que, dans ces circonstances, il cédait à une sorte de contrainte en prenant la parole; il obéissait, au contraire, à ce sentiment secret de dignité personnelle, à cette satisfaction intime qui va toujours au-devant du devoir.

En effet, lors de la discussion du projet de loi relatif aux subsistances,[1] il développa un amendement tendant à abaisser la limite de l'importation, dont le prix était de 18 francs dans les ports de la Bretagne et de 24 francs sur tout le littoral de la Méditerranée.

En 1831, un projet de loi beaucoup plus important pour l'industrie lyonnaise fut déposé sur le bureau de la Chambre. Je veux parler de la question du transit. L'industrie lyonnaise, alors en souffrance, réclamait depuis longtemps l'abolition du droit qui frappait les soies à leur entrée en France, et qui rendait impossible toute concurrence. De pareilles plaintes se sont renouvelées l'an passé, mais dans un ordre d'idées tout différent. Il ne s'agissait plus de soutenir l'industrie lyonnaise, mais de la combattre, si je puis employer ce terme, au profit des mouliniers dont la situation devenait de plus en plus digne d'intérêt. Sans vouloir apprécier les déterminations prises sur ce point, je noterai simplement que la Chambre de 1887, comme celle de 1831, prit le parti des mouliniers. Pour quelle cause? Je l'ignore et je n'ai pas ici à la rechercher. Pourtant, on peut affirmer qu'il y a cinquante ans la fabrique lyonnaise fut défendue comme elle ne le sera peut-être jamais.

Dès 1829, après avoir fait une pétition à la Commission d'enquête commerciale, la Chambre de commerce de Lyon avait élu Dugas-Montbel pour soutenir ses intérêts et éclairer le gouvernement sur l'état de l'industrie dans le département du Rhône. Un tel choix ne faisait pas moins d'honneur à celui qui en était

---

(1) V. *Moniteur universel*, 1830. — Séance du 5 octobre.

l'objet qu'aux personnes de qui il émanait. Outre que l'élu apparetenait à une famille de négociants très recommandables, il possédait encore des connaissances fort variées et fort étendues et ne pouvait manquer de s'acquitter dignement de sa mission.

Dugas-Montbel rédigea, à cet effet, un long mémoire[1] dans lequel, s'appuyant sur les motifs exposés par les fabricants lyonnais et sur de nouveaux arguments, il démontrait la nécessité et l'urgence de supprimer les droits de douane sur les soies étrangères, réfutait les objections qu'on pouvait élever sur cette mesure, en prouvait l'opportunité, exposait les avantages qui en résulteraient et faisait voir enfin que le gouvernement trouverait dans la prospérité publique d'amples dédommagements au léger sacrifice qu'on lui demandait : « Tout ne sera pas perdu, disait-il en terminant; il faut considérer ce qu'une situation prospère acquiert au Trésor et ce que le malaise lui enlève. Dans cette dernière supposition, il faut mettre en ligne de compte ce que l'émigration des ouvriers et la diminution de la population font perdre aux impôts indirects; ce que la dépréciation des biens-fonds fait perdre aux droits de mutation; ce que la diminution du commerce fait perdre aux droits du timbre, aux ports de lettres, à l'impôt des patentes. Il y a plus, c'est que même, sous le rapport des douanes, à mesure que les fabriques dépériront, l'introduction des soies étrangères ira en diminuant aussi, et le million présumé sur les droits d'entrée finira par nous échapper comme tous les autres avantages....

« Le gouvernement en abandonnant le droit sur les soies étrangères, imitera le propriétaire judicieux qui consacre une partie de son revenu à d'utiles améliorations : dans ces cas-là les dépenses sont des capitaux placés à gros intérêts. »

Ce mémoire, écrit avec une vigueur de raisonnement peu commune, peut donner une idée de la manière dont Dugas-Montbel

---

(1) Observations adressées à la Commission d'enquête commerciale par Dugas-Montbel, délégué de la Chambre de commerce de Lyon. — Lyon. Barret. 1829. in-4º.

conçut et remplit sa tâche. Aussi, dans la séance du 8 décembre 1831, usa-t-il de toute son influence en faveur de l'industrie lyonnaise. La loi prévoyait la faculté du transit pour les étoffes de soie de différentes sortes, etc... Un député ayant demandé l'interdiction pour les tresses et chapeaux de paille, Dugas-Montbel combattit, en principe seulement, l'amendement de son collègue : « Vouloir favoriser une industrie particulière du pays, c'est entrer dans un système qui donnera à chaque industrie le droit de réclamer la même protection. La ville de Lyon pourrait réclamer aussi l'interdiction du transit pour les soieries ; et, si je ne l'ai pas demandée, c'est uniquement parce que je ne crois pas que l'intérêt particulier doive l'emporter sur l'intérêt général. Si vous accordez un avantage à telle industrie, il faut l'accorder à toutes les industries. »

Après une riposte, d'ailleurs fort courtoise, de M. Fulchiron, député du Rhône, M. Demarçay appuya sans succès l'opinion de notre compatriote qui, à son tour, demanda la suppression du droit d'entrée pour toutes les étoffes de soie unies ou bien leur interdiction complète :

Si l'on fait une exception en faveur d'une industrie, il faut avoir égard à une de nos premières industries, à celle des étoffes de soie unies qui se fabriquent à Lyon. La Chambre de commerce de Lyon avait demandé l'interdiction des soies unies ; je m'y étais opposé parce que je crois qu'en thèse générale on doit, autant que possible, étendre la faculté du transit et que je ne suis pas pour les mesures restrictives.

Mais puisque, en faveur d'une industrie particulière, on vient d'adopter une interdiction de transit, je demande que la même faveur soit accordée à la ville de Lyon. Certes, Messieurs, si une industrie souffre en ce moment, s'il en est une pour laquelle la concurrence étrangère soit fatale, c'est celle des étoffes unies de Lyon. Les fabriques d'Erbelfeld, de Crévelt, de Zurich, de Flaverges, établissent avec les fabriques de Lyon une concurrence dont vous venez de voir les tristes effets.

C'est parce que nous ne pouvons pas soutenir cette concurrence, parce que la cherté de notre main-d'œuvre donne tant d'avantages sur nous aux fabriques étrangères, que je demande qu'au moins l'avantage donné à ces fabriques étrangères par la faculté du transit, leur soit enlevé pour les soieries unies.

Moniteur de 1831, p. 2341. — Séance du 8 décembre.

La discussion se prolongea et fut même assez vive ; M. Fulchiron vint à la rescousse de Dugas-Montbel et fit un tableau désolant de l'industrie lyonnaise :

Tout le monde connaît la situation de Lyon et son immense importance commerciale. Tout le monde sait qu'elle est une des causes de la prospérité de la France.... Cette ville décline tous les jours et par une raison triste à dire ; il aurait été à désirer que cette question ne fût pas agitée comme elle l'est depuis longtemps, car elle montre une de nos plaies commerciales. Lyon se trouve en concurrence, comme vous l'a dit M. Dugas-Montbel, avec cinq ou six villes qui, malheureusement, ont pour la fabrication de l'uni un avantage : d'une part, ces villes ont la soie à meilleur marché, parce qu'elles ne paient pas le droit de 4 pour cent sur la matière première ; et, d'autre part, le prix de la main-d'œuvre y est extrêmement restreint....

Voilà pourquoi mon honorable ami et moi, nous vous demandons l'interdiction du transit pour les soieries unies.

Quel est le but de la loi actuelle ? c'est d'ouvrir à l'étranger des marchés dans nos ports, c'est de lui permettre, comme on dit en style commercial, d'y venir compléter sa pacotille....

Si vous permettez le transit aux étoffes de soie fabriquées en Suisse, nous avons la conviction que bientôt il ne restera à Lyon que la fabrication des soies façonnées, et ces objets ne sont entrés jusqu'à présent que pour un tiers dans les produits de la ville.

Moniteur, 1831, p. 2341. — Séance du 8 décembre.

Enfin, après avoir entendu dix orateurs, parmi lesquels MM. Berryer, de Laborde et de Laroche, la Chambre maintint le droit d'entrée sur les étoffes de soie.

Malgré cet échec, la population lyonnaise fut, on le conçoit, vivement reconnaissante à Dugas-Montbel pour son zèle et son dévouement à sa cause, d'autant plus que ce zèle et ce dévouement ne s'étaient jamais démentis. Ajoutez à cela que l'on retrouvait toujours en lui la même modestie ; point de vanité, nul orgueil ; il n'était pas du nombre de ces hommes qui, se glorifiant d'un service rendu, semblent courir au-devant des lauriers ; il avait la conscience du devoir accompli et cette satisfaction suffisait largement à son caractère. De pareilles qualités, loin de rester inaperçues en un temps où l'on briguait à l'envi les honneurs, lui valurent des distinctions bien méritées : l'Académie des inscriptions et belles-lettres[1] lui avait, en 1830, ouvert ses portes; trois ans après, M. Guizot lui conféra la croix de la Légion d'honneur;[2] enfin les élections de juillet 1834 lui prouvèrent qu'il avait acquis la sympathie publique.

Lorsqu'il revint à la Chambre des députés, il n'avait plus la jeunesse des premiers jours; sur son visage toujours souriant avaient paru les rides causées, non pas par la vieillesse, mais par ses importants travaux; rien n'avait altéré cependant ce fond inépuisable de bonhomie qui donnait tant de charme à sa conversation.

Il ne reparut guère à la Chambre que pour prêter serment au roi et à la nation, car l'affaiblissement graduel de sa santé qui datait, selon Dumas, de la première année de ses fonctions législatives, le condamna bientôt à un repos absolu. « Depuis plusieurs années, rapporte Ballanche, son esprit, dévoré du zèle de l'antiquité, cherchait dans les tragiques grecs une succession à Homère. Déjà de nombreux matériaux étaient rassemblés pour ce nouvel édifice, et il est hors de doute que, s'il eût vécu son temps, si sa courte carrière politique n'eût pas abrégé sa noble vie, Dugas-Montbel eût fait pour les monuments de la poésie dramatique grecque ce qu'il avait fait pour ceux de la poésie épique. Il aurait pénétré et nous aurait introduits dans ces ténèbres si obscures encore des mystères antiques; ces mystères qui, d'après Cicéron, civilisèrent les peuples, et où se conserva, au milieu des égarements du polythéisme, l'unité des traditions religieuses; il aurait complété pour nous cette sorte de divulgation qui fut regardée par les contemporains comme un sacrilège, et pour laquelle Eschyle fut sur le point d'être lapidé par le peuple d'Athènes. » Mais les arrêts de la destinée ne l'ont point permis; il ne tarda

----

(1) Dugas-Montbel fut élu, avec M. Eusèbe Salverte, académicien libre de l'Académie des inscriptions et belles-lettres, le 28 novembre 1830.

(2) Ordonnance du 27 avril 1833. M. Guizot était alors ministre de l'Instruction publique.

92

pas à ressentir les premières étreintes de la mort. L'art de guérir
fut impuissant pour lui. Vainement, entraîné par les illusions de
l'espérance, dont Dante n'a placé les limites qu'aux portes de
l'enfer, il eut recours au prodiges vantés de l'homœopathie.
Après trois mois d'une lente maladie, il mourut, le 30 novembre
1834, à Paris, dans son habitation de la rue du Faubourg-Poissonnière. Ses derniers moments, comme sa vie toute entière,
furent ceux d'un chrétien et d'un Français.

1834. — 1888.

Dès le lendemain, M. Fulchiron, député du Rhône, écrivait
au président de la Chambre pour lui faire part de la mort de son
« estimable ami. »

« C'est avec une profonde douleur, disait-il, que je vous
annonce la mort de notre honorable collègue, M. Dugas-Montbel.
Il est décédé hier, 30 novembre. La France et la Chambre des
députés perdent en lui un bon citoyen.[1] »

Le 2 décembre eurent lieu ses funérailles. Je ne retracerai
point ici les détails multiples d'une aussi triste cérémonie ; je
m'abstiendrai bien plus encore de donner la liste, d'ailleurs aride,
des principales notabilités qui accompagnèrent le noble défunt
à sa dernière demeure. Ce n'est pas, en effet, d'après la grandeur
de ces manifestations que l'on peut juger de l'immensité de la
perte ; on a vu, de nos jours, des milliers d'hommes promener
avec ostentation les restes de personnages célèbres dont ils
devaient flétrir plus tard le souvenir. Telles ne furent point les
obsèques de notre compatriote. Le cortége, du reste très nombreux, témoignait par son religieux recueillement toute sa vénération pour la mémoire d'un si excellent citoyen, d'un savant
qui honorait notre patrie à tant de titres. La Chambre avait tenu
à s'y faire représenter officiellement ; mais on remarqua surtout

---

(1) *Moniteur universel*, 1834, (séance du 1er décembre).

la présence d'un grand nombre d'amis et de collègues. La dépouille mortelle fut inhumée dans le cimetière du Père-Lachaise. Un simple marbre indique encore aujourd'hui au passant le nom du célèbre traducteur d'Homère.

Arrivé près de la tombe, Ballanche, dont le style est si pur et dont l'âme était empreinte de tant de noblesse et d'élévation, prit la parole en ces termes :

La ville de Lyon, ma chère et infortunée patrie, a honoré trois fois de son suffrage mon noble et généreux ami. La mort de Dugas-Montbel sera un deuil ajouté à tous les deuils de cette cité célèbre entre toutes. Oui, la ville de la religion, de la charité, est aussi la ville des grandes douleurs, des grandes catastrophes. Nulle épreuve, nulle splendeur, nulle misère ne lui a été épargnée.

Et ce noble et généreux ami, par qui elle a voulu trois fois être représentée, était un homme de bien, excellent en tout, qui s'était consacré à d'importantes études, qui a rencontré la gloire sans l'avoir cherchée.

Dugas-Montbel fut un esprit aimable et conciliateur; quoique voué à des travaux d'inspiration et de persévérance, qui d'ordinaire exigent la retraite et supposent l'isolement, il n'était resté étranger qu'aux passions et aux inimitiés des partis. Il savait les choses générales, il réfléchissait sur les idées du temps; à l'égal de tous les hommes éminents du siècle, il vivait de la forte et puissante vie de l'humanité. C'est qu'il était profondément moral, religieux, chrétien.

Lorsqu'il fut envoyé pour la première fois à la députation, c'était au mois de juillet 1830! Mais, que viens-tu faire, mon noble et studieux ami? toi, messager de paix, tu viens te jeter entre les partis, et tu te trouveras précipité dans les entrailles d'une révolution!

Toutefois son courage n'a point failli, mais son courage l'a tué.

Mon trop confiant ami, je t'avais vu si heureux, si plein de vie intellectuelle et poétique, lorsque naguères nous visitions ensemble les ruines de Rome, le golfe et les îles de Naples, le plateau de Sorente; lorsque nous faisions ensemble cette riche moisson de souvenirs qui devait nous suffire jusqu'à notre fin; et voilà que tu accours vers le gouffre creusé par tant de fautes, toi, si innocent de toutes les fautes commises. Et moi, ami, tu m'as laissé sur le bord de l'abîme, pour te dire un solennel et dernier adieu!

Ami de plus de quarante ans, je ne t'ai point perdu; nous nous trouverons dans les lieux où l'on ne compte ni les jours ni les années. En attendant, sois béni pour l'exemple que tu nous a légué, pour ta mémoire intacte, pour tes travaux accomplis, pour tes veilles inachevées.

Ainsi, la ville de Lyon a immolé deux grandes et nobles victimes : Camille Jordan et Dugas-Montbel.

Qu'il me soit permis, en ce jour funèbre, de réunir dans ma triste pensée deux amis si chers à tous, deux amis qui furent eux-mêmes réunis dans la même pensée patriotique et religieuse.

Un pays qui peut immoler de telles victimes, des victimes d'une telle excellence, est un pays bien sûr d'accomplir sa régénération !

Après ce discours, M. Alexandre de Laborde, questeur de la Chambre, retraça en quelques paroles fort expressives la part que Dugas-Montbel avait prise aux travaux législatifs durant sa trop courte carrière politique.

Or, les sentiments exprimés par ces deux orateurs trouvèrent de nombreux échos dans toutes les feuilles littéraires et politiques qui, par leurs regrets unanimes, témoignaient de la sympathie dont ce savant était entouré :

La mort vient de frapper un noble et zélé citoyen, disait Bignan, dans le *Moniteur*, un homme de bien et de talent, un littérateur distingué, M. Dugas-Montbel, qui laisse deux places vides : l'une à la Chambre des députés, comme un des représentants du département du Rhône ; l'autre à l'Académie royale des inscriptions et belles-lettres, comme membre honoraire..... Une mort cruelle l'a enlevé, à l'âge de cinquante-huit ans, à un frère, à une famille dont il était tendrement chéri, à toutes les personnes qui, dans l'intimité ou dans le monde, avaient pu apprécier en lui la réunion des brillantes et solides qualités de l'esprit et du cœur. Une douce communauté de voyages, de goûts et d'études, rend sa perte douloureuse surtout pour le compatriote, pour l'ami qui lui consacre ce faible, mais sincère tribut d'éternels regrets.

Le *Courrier de Lyon* publiait, d'autre part, cet article fort élogieux :

Notre ville vient de perdre l'un des hommes qui l'honoraient le plus, par la science, par le talent et par le caractère. Hier, notre correspondance nous a apporté la triste nouvelle de la mort de M. Dugas-Montbel ; elle a été communiquée à la Chambre par M. Fulchiron, collègue et ami de l'honorable défunt.

La mort de M. Dugas-Montbel est non-seulement un malheur pour notre ville qu'il illustrait par ses travaux et ses vastes connaissances, mais c'est aussi une perte pour la France, dont il était un des députés les plus loyaux et les plus consciencieux. Dévoué au maintien de l'ordre et de la monarchie constitutionnelle, il a constamment fait partie de cette majorité qui, en appuyant Casimir Périer et son système, a si bien compris les intérêts du pays, et a si bien secondé sa ferme volonté de concilier la liberté avec le maintien de la paix et de la tranquillité publique.

.... Député loyal et consciencieux, savant écrivain, Dugas-Montbel ne mérite pas moins, par son caractère, l'estime et la vénération des hommes. Il fut, en effet, bon parmi les bons, simple, modeste, dévoué pour ses amis, affectueux et bienveillant pour tous. Toutes les personnes qui ont pu apprécier ses belles qualités se plaisaient à louer en lui l'urbanité des manières, la bonté inépuisable du cœur, et l'empressement à rendre service.

La perte de cet excellent citoyen, de cet homme de bien et de talent, sera vivement sentie dans notre ville; elle laisse une lacune à remplir dans la députation du Rhône, et, dans les rangs de l'Académie de Lyon, un vide qu'il sera bien difficile, sinon impossible, de faire disparaître.

Mais, au moment où les journaux de toutes les opinions s'empressaient de manifester les justes regrets inspirés par la mort du savant commentateur d'Homère, sa ville natale avait envers lui des motifs particuliers de reconnaissance. Pour elle, le nom de Dugas-Montbel n'allait plus évoquer seulement le souvenir d'un noble et zélé citoyen, d'un homme de talent, d'un littérateur distingué, mais encore celui d'un bienfaiteur.

Par acte de dernière volonté,[1] en date du 26 novembre 1832, Dugas-Montbel avait, en effet, légué à la ville de Saint-Chamond :

1º Une somme de 10 000 francs pour faire le premier fonds inaliénable d'une Caisse d'épargne et de prévoyance;

2º Tous les livres et brochures qui composaient sa bibliothèque de philologue;

3º Et une somme de 8 000 francs, une fois payée, pour faire face aux frais d'établissement et d'entretien de la bibliothèque et d'un bibliothécaire, etc....

Tous ces legs devaient arriver, francs de droits d'enregistrement ainsi que de demande en délivrance, à la ville de Saint-Chamond.

De semblables libéralités étaient d'autant plus remarquables que leur auteur, dans le but de faciliter l'instruction populaire,

---

(1) Voyez le testament de Dugas-Montbel, à l'*Appendice*.

n'avait pas hésité à placer dans une ville industrielle et dépourvue de bibliothèque ses riches collections amassées à grands frais, et que, de plus, à l'époque où il songeait à doter notre cité d'une Caisse d'épargne, onze villes[1] seulement possédaient en France des établissements analogues. Outre qu'il donnait la preuve d'un rare désintéressement, Dugas-Montbel méritait donc aussi nos éloges pour sa prévoyance sans égale.

Ce digne compatriote avait compris, n'en doutons pas, les besoins de son pays natal ; voilà pourquoi il lui léguait deux choses qui manquent ordinairement aux villes manufacturières :

Des ressources contre le manque de travail et les infirmités pour la classe laborieuse ;

Des moyens d'instruction et de délassement pour toutes les classes.

« Grâce à cette prévoyante libéralité, observait M. Coignet,[2] alors bibliothécaire, les mœurs de notre population ouvrière ne tarderont pas à s'améliorer, et notre ville sera dotée d'un précieux dépôt de science, que les érudits et les philologues de tous les pays viendront à l'envi explorer.

« Honneur aux hommes riches et aux hommes instruits qui comprennent ainsi leur mission ! Déjà M. Fournas, ancien député de la Loire, natif de Saint-Chamond, avait donné l'exemple de pareilles dotations, en léguant un riche cabinet de physique au collége communal. Dans notre localité où les sentiments philanthropiques ont de l'écho et n'ont besoin que d'être dirigés, de si nobles exemples, on peut le prédire, ne seront pas sans fruits.

« A nous à acquitter la dette du souvenir et de la reconnaissance : que le buste de Dugas-Montbel soit inauguré aux frais de la ville, dans la salle de la Bibliothèque ; que son nom soit donné à la rue où est située sa maison, le manoir de ses pères, car la mémoire des hommes qui ont illustré et doté leur pays doit être gardée aux populations. »

(1) Paris, Bordeaux, Rouen, Marseille, Nantes, Troyes, Brest, le Havre, Lyon, Reims, Rennes.

(2) *Mercure Ségusien,* décembre 1834.

Non, les populations, en recueillant les profits d'un bienfait n'ont point oublié celui qui en était l'auteur. Sa mémoire vit encore parmi nous, aussi pure, aussi belle qu'aux premiers jours ; elle se perpétuera, j'en ai l'assurance, dans les temps à venir, parce qu'elle trouvera toujours un écho dans les âmes magnanimes. Quels exemples n'avons-nous pas, en effet, depuis cinquante ans, d'hommages rendus à Dugas-Montbel ?

A peine sa tombe est-elle fermée que J. B. Dumas,[1] au sein de l'Académie de Lyon, retrace l'existence laborieuse de ce digne collègue ravi prématurément par le sort. « Pourquoi faut-il que je vous entretienne, disait-il, de cette ami de ma jeunesse déjà bien éloignée, du compagnon de mes études et de mes plaisirs, de cet homme si aimable et si bon, qui, séparé de moi depuis trop d'années, n'a cessé d'entretenir ces relations intimes dont je sentais vivement le prix et qui, en mourant, a laissé dans mon existence un vide que rien ne peut remplir. »

Trois ans plus tard, M. François Coignet, ce poëte plein de mérite, qui avait été d'avance le confident, le dépositaire des généreuses intentions de cet homme de bien, rappelait à la municipalité de notre ville les devoirs qui lui incombaient, en la pressant de consacrer par un nouvel hommage la mémoire d'un bienfaiteur et le souvenir de ses bienfaits :

Messieurs, disait-il, la ville de Saint-Chamond doit s'honorer d'avoir donné le jour à Dugas-Montbel : comme homme de savoir, son nom occupe une place distinguée dans le monde savant ; comme homme de bien, il a doté son pays de deux établissements qui tendent le plus à -moraliser les populations.

Messieurs, riche de ses bienfaits, que la ville, assez heureuse pour l'avoir vu naître, ne soit pas la seule à se souvenir de lui. A défaut d'autre témoignage, qu'elle inscrive au moins son nom à la rue où il est né ! Ce sera bien peu ; ce sera assez pour nous absoudre du reproche d'indifférence ou d'ingratitude que nous ne manquerions pas d'encourir.

C'est la consécration de ce simple témoignage que je viens vous

---

(1) Séance du 5 mai 1835. — *L'éloge de Dugas-Montbel,* par Dumas, a été imprimé à Lyon, chez Barret, 1835. 1 broch. in-8º.

demander, à vous, Messieurs, qui êtes les mandataires de la ville et qu accepterez avec empressement, je l'espère, l'occasion de réparer un oubli.

Il va sans dire que le Conseil municipal[1] ne resta pas sourd à un aussi noble appel ; il arrêta « qu'en conformité du vœu exprimé dans cette lettre, la rue où naquit M. Dugas-Montbel serait désignée à l'avenir sous le nom de *Rue Dugas-Montbel*. »

De nos jours encore, nous avons entendu proposer ce travailleur infatigable comme modèle aux jeunes écoliers de notre chère cité ;[2] nous l'avons vu fêter aussi dans une réunion intime à laquelle son image présidait au milieu des trophées.[3] Mais pourquoi rechercher de la sorte les témoignages de sympathie et d'admiration, lorsque les deux établissements qu'il a fondés forment, par leur prospérité croissante, son plus bel éloge et sa plus constante gloire ?.. En effet, cette riche bibliothèque, qu'il n'a pas craint de placer dans notre petite ville, est aujourd'hui assidûment fréquentée ; les gens de lettres l'admirent, et son renom, quelque temps compromis, s'étend de nouveau dans les provinces.[4]

D'autre part, l'anniversaire que l'on célébrait, il y a plus d'un an, dans notre ville, n'était-il pas un titre de gloire beaucoup plus éloquent encore ? En fêtant le cinquantenaire de la Caisse d'Epargne, il s'est produit comme un écho des regrets et de l'admiration qu'avait suscités notre compatriote, et, tant il est vrai que les

---

(1) Séance du 7 février 1838. Etaient présents : MM. Richard-Vitton, Couturier, Souchon, Tamet, Dugas-Vialis, Gillier, Lagier, Bertholon, Prodon, Dubouchet, Prénat, Rozier, Chaland.

(2) En 1884, M. Garapon, professeur de français à l'école professionnelle de notre ville, dans le discours qu'il prononça à l'occasion de la distribution des prix, retraça la vie de notre célèbre compatriote. — Voy. *Mémorial de la Loire,* 1884 (8 août).

(3) A l'occasion de la fête du cinquantenaire de la Caisse d'Epargne. J'en ai publié un compte-rendu détaillé dans le *Mémorial de la Loire,* du 28 juin 1887.

(4) Rapport sur l'exercice de 1887. — Voy. aussi le *Mémorial de la Loire,* du 14 septembre 1885.

hommes sont essentiellement liés aux institutions, en rendant compte de la situation florissante de ladite Caisse, on a donné, après un demi-siècle, aux mânes de son fondateur, le plus brillant éloge que pût désirer un homme de bien ; à son œuvre, une consécration digne de lui. En effet, le 26 février 1837, la Caisse d'Epargne de Saint-Chamond, autorisée l'année précédente, ouvrait ses portes au public. Les débuts furent peu encourageants, et pour cause : la richesse de nos contrées n'était, à cette époque, nullement en rapport avec leur richesse actuelle, et le peuple, ignorant des avantages procurés par les Caisses d'Epargne, hésitait à lui confier ses économies. Il ne fallut rien moins que dix années pour voir les dépôts s'élever à 500 000 francs et l'on ne fut à la tête d'un million qu'au bout de trente ans. Quelle différence de nos jours ! une année suffit pour que le compte des dépôts progresse de plus de 600 000 francs! Aussi, la Caisse d'Epargne se trouvait-elle, à la fin de décembre 1886, à la tête de plus de cinq millions.

J'ai fait ressortir, bien imparfaitement sans doute, les mérites de l'homme et les qualités de l'écrivain. Peut-être osera-t-on me taxer parfois d'un excès d'éloges pour les travaux remarquables de l'écrivain ; mais, je dois l'avouer, à mesure que je pénétrais dans son intimité, l'homme devenait pour moi plus attachant et finissait par me faire oublier l'écrivain. Cette raison paraîtra sans doute plus spécieuse que solide ; mais, je le répète, mon but n'a pas été de présenter une étude approfondie ; une telle prétention eût été au-dessus de mes forces. J'ai voulu simplement contribuer, en apportant cet humble tribut, aux témoignages nombreux de sympathie dont notre illustre compatriot e a été jusqu'ici l'objet. En effet, si la bonhomie du caractère, la finesse de l'esprit, la délicatesse du jugement, la solidité de l'érudition, l'étendue de la science, sont des qualités remarquables en soi, combien leur prix ne doit-il point s'augmenter lorsqu'elles se trouvent réunies dans la personne d'un compatriote qui, non content d'honorer son pays natal, lui prodigue encore d'inestimables libéralités ?

Voilà pourquoi Dugas-Montbel est cher à notre ville ; voilà surtout pour quels motifs son nom s'est religieusement conservé parmi nous ; voilà enfin par quelles considérations j'ai voulu donner à sa mémoire ce faible, mais sincère témoignage d'admiration !

Dugas-Montbel, on l'a vu, s'est rendu digne de notre chère cité sous le double rapport de la science et des bienfaits. Depuis plus d'un demi-siècle, nous jouissons de ses libéralités, et les deux établissements dûs à ses généreuses intentions, ne cessent de prospérer. Rien pourtant, ou presque rien, ne nous rappelle son souvenir. Or, il y a cinq ans, le poète Victor de Laprade avait à peine rendu le dernier soupir que la ville de Montbrison et la Société de la *Diana,* unissant leurs efforts, formaient le projet d'ériger au chantre de *Pernette* une imposante statue, sur le sol même du pays natal. Leur initiative était d'autant plus louable qu'elle répondait immédiatement au désir formulé par le poète forézien :

> S'il s'attache à mon nom quelque gloire modeste,
> Alors rappelle-toi que je suis ton enfant,
> Que tu m'as fait poète et que l'honneur t'en reste :
> Donne à mon souvenir un humble monument.

Or, le 17 juin 1888, on inaugurait la statue et V. de Laprade apparaissait, selon l'expression de celui que j'appellerai *mon meilleur ami,*[1] « radieux, vivant, ressuscité, planant de son grand front sur une foule en fête. » V. de Laprade a illustré son pays : c'est un mérite qu'on ne saurait refuser de lui reconnaître ; mais qu'a-t-il fait de plus pour Montbrison ?.. Dugas-Montbel, — loin de moi l'intention d'établir un parallèle, — Dugas-Montbel, lui aussi, a illustré sa ville natale ; mais il lui a légué, en outre, ce qu'il avait, dans l'ordre matériel, de plus cher au monde ! Qu'a-t-on fait en retour ? On a inscrit son nom à l'angle d'une rue obscure. C'est jusqu'à présent sa seule récompense.

---

(1) V. *Mémorial de la Loire* du 18 juin 1888, dans lequel est inséré un élégant sonnet de M. le chanoine J. Condamin.

Qu'à l'exemple de Montbrison, la ville de Saint-Chamond, soucieuse de perpétuer la mémoire des gens de bien, élève à Dugas-Montbel une statue à la fois digne d'elle et de lui. Elle trouvera, j'en ai l'assurance, dans le concours de notre population, d'amples dédommagements aux sacrifices qu'elle devra s'imposer pour cela ; et, du moins, loin d'encourir un reproche d'ingratitude, elle aura la satisfaction d'avoir honoré, par ce suprême témoignage de reconnaissance, non-seulement son plus illustre enfant, mais encore ce savant distingué, ce généreux compatriote qui répétait souvent, sur son lit de mort, ces nobles et touchantes paroles :

Que mes derniers accents soient des vœux pour la France !

APPENDICE

I. — Ouvrages de Dugas-Montbel

Imprimés

La Femme en parachute, vaudeville en 1 acte. Paris, an VIII, in-8°.

Eloge de J. J. de Boissieu. Lyon, Ballanche, 1810, in-8° 55 pp.

Réflexions sur la comédie et sur les causes de sa décadence (*Mercure* du 7 novembre 1812).

Lettre à M. B. (Beuchot) sur un poëte du XVIᵉ siècle (*Magasin encyclopédique*, décembre 1812). Cet opuscule avait déjà été publié dans le *Bulletin de Lyon*.

L'Iliade d'Homère, 1815, 2 vol. in-8°.

Examen de quelques observations publiées par M. de Rochefort pour prouver que le récit de la blessure d'Ulysse, au XIXᵉ livre de l'Odyssée, est un passage interpolé (Extrait des *Annales encyclopédiques*). Paris, Lenormant, 1817, in-8°.

L'Odyssée, suivie de la Batrachomyomachie, des hymnes, de divers poêmes et fragments attribués à Homère, 1818, 2 vol., in-8°.

Œuvres complètes d'Homère, avec le texte grec et des observations. 9 vol. in-8°, Paris, Didot, 1828-1833.

Histoire des poésies homériques, pour servir d'introduction aux observations sur l'Iliade et sur l'Odyssée. Paris, Didot, 1831, in-8° de 160 pp., non compris 6 pages d'additions et corrections.

Du digamma dans les poésies homériques (*Bulletin des sciences historiques*, janvier 1825).

Des épithètes dans les poésies homériques (*Bulletin des sciences historiques,* tome 3, mars 1825). Ces deux derniers opuscules devaient faire partie du commentaire sur Homère.

Sur le mémoire de M. J. Andrès, concernant le commentaire d'Eustathe et les traductions qui en ont été faites (*Bulletin des sciences historiques,* novembre 1825, même observation).

Lettre sur une inscription antique trouvée à Saint-Irénée, insérée dans les *Lettres Lyonnaises* de M. Breghot. Lyon, Barret, 1826, in-8°, p. 77-85.

Notices sur Advenier-Fontenille, sur P. E. Lemontey, et sur Frédéric-Auguste Wolf (*Annales biographiques* de M. Mahul, 1826, 1827, 1828).

Observations sur l'ouvrage ayant pour titre : Examen critique des dictionnaires de la langue française, etc., par M. Ch. Nodier. Paris, 1828, in-8°.

Ulysse-Homère, ou le véritable auteur de l'Iliade et de l'Odyssée, par Constantin Koliadès. 1829, in-8°, 16 pp. (Article tiré à part de la *Revue française.* C'est un article sur l'ouvrage publié par M. Lechevalier, sous le titre de : Ulysse-Homère).

Observations sur la traduction de Théocrite de M. Servan de Sugny (*Bulletin universel des sciences,* 7e section, mars 1829).

De l'influence des lois sur les mœurs, et de l'influence des mœurs sur les lois. Saint-Etienne, 1830, in-8°, 22 pages.

De l'époque où l'écriture fut introduite dans la Grèce (*France littéraire,* septembre 1832).

Dans le *Bulletin Ferussac :*

Sur le plaidoyer pour Servius Sulpicius contre L. Muréna, composé en latin par A. Paléarius et traduit pour la première fois en français par A. Péricaud. 1829, tome 9, p. 306.

Sur les mélanges biographiques et littéraires, pour servir à l'histoire de Lyon, par M. Breghot (*Sciences historiques,* n° 10, octobre 1829, p. 229, p. 233, n° 154).

Sur la traduction des Noces de Thétis et Pélée de Catulle, par M. Servan de Sugny (*Sciences historiques,* n° 11, novembre 1829, p. 296-8).

Sur Pernette du Guillet. 1831.

Sur l'Octavius de Minutius Félix, nouvelle traduction par A. Péricaud (1829, tome II, p. 23 et suiv.).

Observations adressées à la Commission d'enquête commerciale. Lyon, Barret, 1829, in-8°.

Discours prononcé sur la tombe de M. Boscary de Villeplaine. Paris, Didot, 1827, in-4° d'une feuille.

Sur les œuvres de Louise Labé (Article extrait de la *Semaine,* gazette littéraire, par un comité secret de rédaction), 5e livraison, tome 1, septembre 1824, in-8°.

Manière dont on doit prononcer la langue grecque (*France littéraire,* tome 8, p. 284-296).

Lettre sur la traduction de l'art poétique d'Horace, par M. Poupar (*Archives du Rhône.* p. 413-419, tome 8).

Observations adressées à la Commission d'enquête commerciale, pour la suppression des droits d'entrée sur les soies étrangères.

Manuscrits.

Prose. — Réflexions sur la comédie du Misanthrope *(Bibl. acad. de Lyon)*.

Discours sur les principales époques et sur l'état actuel de la poésie française *(Bibl. de M. Osippe Dugas)*.

Examen critique de la tragédie d'Hippolyte, composée par Palmézeaux *(Bibl. acad. de Lyon)*.

Observations sur les derniers volumes du cours de littérature de La Harpe.

Notice sur le poète Fontaine, du XVIe siècle.

Voyage en Alsace et en Suisse *(Bibl. acad. de Lyon)*.

Poésie : Epitre à un ami *(ibid.)*.

Hymne de la douleur, traduite d'Ossian *(ibid.)*.

Les portraits, épitre *(ibid.)*.

Le retour ou adieux à Rome *(ibid.)*.

En porte-feuille : Correspondance de famille, roman *(Bibl. de M. Ivan Dugas)*.

Tableau de la littérature française pendant le XVIIIᵉ siècle *(ibid.)*.

Précis chronologique des ouvrages qui ont paru pendant le XVIIIᵉ siècle *(ibid.)*.

Ana, ou recueil de pensées détachées, caractères, traits historiques, etc...

Traduction des métamorphoses d'Antoninus Liberalis.

Réflexions sur l'ouvrage de M. Ballanche, ayant pour titre : Essai sur les institutions sociales.

Mémoires concernant la justice, la doctrine sur le droit, et les devoirs du fort à l'égard du faible *(Bibl. de M. Ivan Dugas)*.

Mémoire sur les végétaux du temps d'Homère.

Analyses des prolégomènes de Mathis sur les hymnes d'Homère.

Voyage en Italie, notes journalières *(Bibl. de M. Ivan Dugas)*.

II. — Testament *(extrait pro parte)*.

Du testament de M. Jean-Baptiste Dugas-Montbel, demeurant à Paris, rue du Faubourg-Poissonnière, n° 1, a été extrait littéralement ce qui suit :

« Je donne et lègue à la commune de Saint-Chamond (Loire), une somme de dix mille francs pour faire le premier fonds inaliénable d'une Caisse d'épargne et de prévoyance à établir dans ladite ville, dans le but et dans le genre de celle autorisée pour la ville de Paris, par ordonnance du vingt-neuf juillet mil huit cent dix-huit.

« Si lors de mon décès une semblable Société était établie dans ladite ville de Saint-Chamond, le legs ci-dessus serait annulé, mais je veux qu'une somme de dix mille francs soit employée à faire un fonds dont le revenu servira soit à payer tout ou partie des frais de ladite Caisse d'épargne et de prévoyance soit à procurer dans l'Hospice de Saint-Chamond, jusqu'au décès des admis, ou momentanément, une place à un ou plusieurs malades infirmes ou vieillards, c'est-à-dire, quelqu'un hors d'état de travailler, mon intention n'étant pas de favoriser la mendicité.

« Mon légataire universel se concertera avec le maire et le doyen des notaires de Saint-Chamond pour l'attribution de la somme de dix mille francs une fois payée.

« Je donne et lègue tous les livres et brochures qui composeront ma bibliothèque lors de mon décès à la ville de Saint-Chamond, sous les conditions ci-après : 1° ces livres seront placés dans une ou plusieurs pièces attenantes sur un nombre suffisant de tablettes placées contre le mur; 2° ces livres ne pourront être ni donnés, ni changés, ni vendus, ils devront être conservés en nature ; un catalogue en sera dressé et remis lors de la délivrance de ce legs; 3° cette bibliothèque, dont le local doit être commode, convenable à la destination et suffisamment éclairé, sera publique au moins trois fois par semaine et au moins quatre heures par chacun des jours d'ouverture. Tous les livres, sans distinction, seront librement confiés et communiqués, soit pour la lecture soit pour la consultation, mais dans aucun cas ne pourront être transportés hors du local de la bibliothèque. Pour faire face en tout ou en partie aux frais d'établissement et d'entretien de la bibliothèque et d'un bibliothécaire ou employé, je donne et lègue à ladite ville de Saint-Chamond la somme de huit mille francs une seule fois, qui sera payée sans intérêt dans l'année de mon décès.

« Si les conditions que j'ai apposées au legs que j'ai fait de livres et brochures à la ville de Saint-Chamond n'étaient pas acceptées et exactement suivies, ce legs serait caduc et révoqué et mon légataire universel ou ses représentants auraient droit d'en recueillir et réclamer l'intégralité tant pour les livres et brochures que pour les huit mille francs.

« J'annule et révoque par le présent testament olographe toute autre disposition antérieure et je déclare que ce sont là mes seules et uniques volontés.

« Le droit d'enregistrement et les frais de demande en délivrance, relatifs aux legs particuliers ci-dessus, seront à la charge de ma succession.

« A Paris, ce vingt-six novembre mil huit cent trente-deux. »

TABLE

		Pages
Dédicace.		v
Liste des Souscripteurs.		vij
Avant-Propos		ix
Dugas-Montbel. — 1776-1799		1
— 1799-1815		8
— 1815-1830		31
— 1830-1834		73
— 1834-1888		92
Appendice. — Ouvrages de Dugas-Montbel		103
Son testament		107

Planches

Buste de Dugas-Montbel.

Fac-similé de la tache faite par Courier au manuscrit de Longus

www.ingramcontent.com/pod-product-compliance
Lightning Source LLC
Chambersburg PA
CBHW061242060726
47596CB00002B/385